Début d'une série de documents en couleur

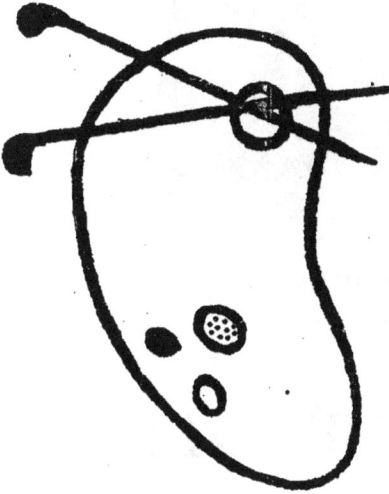

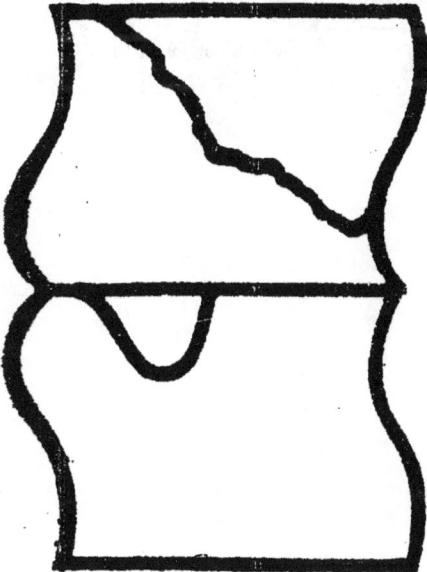

Texte détérioré — reliure défectueuse
NF Z 43-120-11

— 20 CENTIMES — PAR SEMAINE

BIBLIOTHÈQUE DU DIMANCHE

FRÉDÉRIC SOULIÉ

LE

# MAITRE D'ÉCOLE

*Tome II*

NOUVELLE LIBRAIRIE A. SOIRAT

146, RUE MONTMARTRE, 146

PARIS

20 CENTIMES le volume envoyé par poste dans toute la France. Port entièrement gratuit.

ABONNEMENTS : 1 an, 10 fr. — 6 mois, 5 fr. 10. — 3 mois, 2 fr. 60

Fin d'une série de documents
en couleur

BIBLIOTHÈQUE DU DIMANCHE

LE

# MAITRE D'ÉCOLE

PAR

## FRÉDÉRIC SOULIÉ

### TOME II

PARIS

N. BLANPAIN, DIRECTEUR

# LE
# MAITRE D'ÉCOLE

Brutus montra d'un coup d'œil les nombreux témoins de cette scène, et il sembla que pour la première fois le comte s'aperçût que tous les gens de sa maison étaient restés aux portes.

— Que faites-vous là? s'écria-t-il avec violence.

— Nous attendons les ordres de M. le comte, dit le plus résolu.

— Mes ordres? n'avez-vous pas entendu qu'on vous a dit d'aller chercher un brancard pour porter... (sa voix hésita à prononcer ce qu'il allait dire, puis il reprit): pour porter cette malheureuse chez elle?

Les domestiques se retirèrent.

Le comte se promenait dans le salon d'un air très agité. Cependant les larmes convulsives de la folle s'étaient calmées, et la lassitude de sa longue course et les violentes secousses qu'elle avait éprouvées l'avaient plongée dans un profond sommeil.

Les domestiques reparurent avec un brancard.

— Oh! dit Paméla, il y aurait de la barbarie à l'éveiller... ils vont attendre, n'est-ce pas, mon oncle?

M. de Lugano ne répondit pas, mais il fit un signe pour éloigner les domestiques, puis il s'écria :

— Mais il n'y a donc pas de maison de fous dans ce département?

— Pardon, fit Brutus, et ma mère y a été longtemps enfermée, mais je l'en ai retirée depuis que j'ai pu la nourrir.

— Et vous avez eu tort, dit vivement le comte, une bonne administration ne devrait pas souffrir de tels abus. La liberté laissée à des êtres pareils est un danger pour tout le monde.

— Je suis désolé de ce qui est arrivé, dit Brutus d'un air digne et triste, mais la pauvre femme n'est pas méchante, je vous le jure, elle n'a jamais fait de mal à personne.

— Elle vous en aura fait du moins, reprit le comte qui se laissait emporter à une impatience et à une colère inexplicables; oui, elle vous en aura fait, car après ce qui vient de se passer, vous comprenez bien que je ne puis plus vous garder près de moi.

— Ah! mon oncle! s'écria Paméla.

— Non, dit le comte, je ne veux pas m'exposer à de pareils esclandres tous les jours dans ma maison. Vous aurez donc soin de vous pourvoir ailleurs, monsieur, car toutes nos relations sont devenues impossibles.

M. de Lugano disait tout cela en marchant vivement, et par phrases interrompues, mais sans regarder ni Brutus ni sa mère.

Paméla l'écoutait avec une vive surprise ; ce qui venait d'arriver pouvait être compté pour un accident désagréable tout au plus, mais qui n'était pas de nature à motiver l'expulsion de Brutus ; elle s'approcha de son oncle, et l'arrêtant doucement, elle lui dit d'un ton suppliant :

— Mais, mon oncle, ce n'est pas la faute de M. Brutus, et c'est se montrer bien sévère pour lui que de le renvoyer.

— Merci, mademoiselle, dit Brutus, tandis que M. de Lugano détournait la tête avec impatience ; merci de votre bonne volonté pour moi, mais j'étais venu moi-même pour dire à M. de Lugano que je ne puis demeurer chez lui plus longtemps.

A cette parole, le comte se retourna vivement, et s'approchant tout à fait de Brutus, il lui dit d'un ton où la colère et la crainte semblaient parler ensemble :

— Et pourquoi, monsieur, pourquoi ne pouvez-vous rester chez moi ? quelles raisons avez-vous de me quitter ?

Brutus regarda Paméla, qui l'examinait

avec un nouvel étonnement, et il repartit d'un ton humble :

— Puisque vous avez jugé vous-même que mes services vous étaient inutiles, il n'est plus nécessaire que je vous dise pourquoi je voulais me retirer.

Paméla laissa échapper un mouvement qui voulait dire : « Mais pourquoi s'en va-t-il ? » tandis que le comte reprenait vivement :

— Mais je veux le savoir, moi, monsieur, car enfin je vous ai livré mes secrets ; vous avez encore des papiers à moi.

— Je vous les rendrai, monsieur le comte ; et quant à vos secrets, je n'ai fait qu'écrire sous votre dictée des mémoires que vous destinez à la publicité. Je ne sais que ce que tout le monde saura bientôt.

Le comte frappa la terre du pied avec colère, et reprit sa promenade dans le salon.

Puis, comme si dans ce moment de silence il eût amassé une nouvelle somme de curiosité et d'inquiétude, il s'écria tout à coup :

— Je veux savoir... je saurai ce qui vous fait sortir de chez moi ; je le veux, entendez-vous ?

— Soit, monsieur le comte, si vous l'exigez, je vous le dirai.

— Parlez donc !

— Ce n'est qu'à vous, monsieur le comte, que je puis le dire.

— Paméla, laissez-nous, dit le comte.

— Pardon, reprit encore Brutus, mais voici

ma mère qui paraît s'éveiller, et, quoique sa raison soit perdue sur beaucoup de choses, elle pourrait comprendre le sens de ce que je dois vous révéler, et pour elle ce serait un horrible malheur.

Ce nouveau mystère parut alarmer tout à fait M. de Lugano, mais il semblait ne pas oser quitter la folle, car il la regardait s'agiter déjà sur le fauteuil où on l'avait placée. Il s'approchait pour entendre les mots confus qu'elle laissait échapper ; mais c'est à peine s'il avait entendu les mots de : « Lyon... guillotine... » que M. de Lugano s'écria violemment :

— Sortez tous les deux, sortez !

L'accent épouvanté de M. de Lugano, le tremblement convulsif de son corps appelèrent enfin l'attention de Brutus ; pour la première fois il s'étonna de l'émotion extraordinaire que sa mère produisait sur cet homme, et, au lieu d'obéir comme il eût fait en toute autre circonstance, il demeura et lui dit :

— Monsieur le comte, ma mère m'a parlé de Lyon, de guillotine ; ces mots ont pu vous rappeler de pénibles souvenirs, permettez que je l'emmène.

— Et quels souvenirs voulez-vous donc que cela me rappelle, monsieur ?

— Pardon, monsieur le comte, dit Brutus qui ne se doutait pas de l'affreuse portée de ses paroles, mais vous étiez représentant du peuple à l'époque de la prise de Lyon : vous avez

voulu, je le sais, prévenir les sanglantes exé-
cutions qui ont eu lieu; mais votre volonté a
été impuissante contre la volonté de Fouché,
et je conçois que...

— Ce n'était pas Fouché, dit tout à coup la
folle en se levant, c'était...

Elle sembla chercher un souvenir, et porta
les yeux sur M. de Lugano et le regarda longtemps avec une attention qui le tint cloué à sa
place.

Cet examen fut long, et un silence effrayant
régnait entre tous les acteurs de cette scène.

Enfin, le regard de la folle perdit peu à peu
de cette ardente fixité qui semblait pénétrer
jusqu'aux entrailles de M. de Lugano; il reprit son incertitude, sa mobilité, et elle dit
d'une voix indifférente :

— J'ai faim.

M. de Lugano respira comme si un poids
horrible venait de lui être enlevé de la poitrine, et il dit en entraînant Brutus :

— Paméla, faites donner à manger à cette
pauvre femme. Vous, Brutus, venez.

Il l'emmena dans son cabinet.

— Eh bien, dit-il à Brutus, quelle raison
vous force à quitter ma maison?

— Vous savez, monsieur le comte, pourquoi
je me suis battu?

— Non, en vérité!

— Je vais donc vous l'apprendre, monsieur
le comte.

Ici Brutus commença le récit de tout ce qui

lui était arrivé au village, les propos des paysans, sa propre colère, enfin l'explication avec Rosalie et le curé; et dans tout cela Brutus parlait comme s'il eût été le coupable. On eût dit qu'il s'accusait d'exister et de s'être trouvé sur le passage de M. de Lugano pour faire faire une mauvaise action à son fils.

Depuis qu'il parlait ainsi, le visage de M. de Lugano avait pris un air de satisfaction, et quand Brutus eut fini, il lui dit vivement :

— Je vous remercie, Brutus, vous êtes un honnête homme, un brave homme, et je ne laisserai pas cette bonne conduite sans récompense. Mais il y a un meilleur parti à prendre que de sortir de chez moi, c'est de quitter tout à fait ce pays; allez vous établir ailleurs, loin d'ici, avec votre mère et votre sœur, de cette façon, tout sera rompu, il n'y aura plus rien à craindre pour personne.

— Vous oubliez, monsieur le comte, que je n'ai pas les moyens d'aller m'établir ailleurs.

— Ah! lui dit le comte, je vous les donnerai, je vous les fournirai. Je vous assurerai de quoi vivre, à vous, à votre sœur, à votre mère.

— Mais on dira... fit Brutus.

— Que voulez-vous qu'on dise? reprit vivement le comte de Lugano, c'est une chose toute naturelle et très convenable. Je vous dois bien cela... mais il faut partir demain, ce soir, dans la nuit si c'est possible. Vous irez à Lyon... Non, pas à Lyon, à Grenoble. Je vous-y ferai parvenir, vingt, trente mille francs, puis vous achèterez une petite propriété aux environs, plus loin, du côté de Gap, c'est un bien bon pays. Mais il faut pourvoir à vos premiers besoins, rentrez chez vous, faites tous vos préparatifs... Ce soir je vous ferai tenir les premiers fonds nécessaires. Une de mes voitures ira vous prendre et vous conduira jusqu'à Grenoble.

— Mais, dit Brutus qui, malgré tous les avantages de pareilles offres, sentait quelque répugnance à voir ainsi disposer de son existence, mais je ne sais si je dois...

— Faites bien attention, dit le comte, que c'est le seul parti à prendre, pour vous surtout, que j'aurais le droit de me montrer irrité de ce qui arrive, car votre sœur a cherché à séduire mon fils, et cette conduite, si je la voulais qualifier...

Les plus habiles sont souvent les plus maladroits, et c'est ce qui arriva à M. de Lugano. Parce qu'il avait trouvé dans Brutus une condescendance absolue, une ignorance complète de ses droits, il s'imagina qu'il pouvait tout obtenir de cette disposition, mais il avait été trop loin.

Brutus se leva soudainement, et lui dit d'un ton où se révélait toute cette partie cachée de son âme, dont personne ne soupçonnait la noblesse:

— Monsieur le comte, Rosalie n'est pas entrée dans votre château pour y séduire

M. Hector, c'est votre fils qui s'est introduit
furtivement dans ma pauvre maison pour y
séduire ma sœur et, si quelqu'un a à se
plaindre ici, il me semble que ce n'est pas
vous.

Le comte comprit sa faute et repartit plus
doucement :

— Nous avons tous deux à nous plaindre, et
j'ai eu tort de vous accuser.. Mais enfin il
faut que cela finisse, le moyen que je vous
offre est le seul praticable. En définitive, vous
ne pouvez pas rester dans ce pays... vous ne
le pouvez pas,... je ne le veux pas... Votre
mère, c'est-à-dire votre sœur... Enfin, je vous
offre quarante mille francs, voulez-vous partir ?

Le premier mouvement de Brutus fut pour
un refus. Sans qu'il pût bien se rendre compte
de ce qu'il éprouvait, il lui semblait qu'il faisait marché de son bonneur et de ses droits,
mais la misère de sa mère et l'audacieuse révolte de sa sœur se présentèrent à lui

Rester dans le pays après sa querelle avec
les paysans, et redevenir maître d'école après ce
qu'on avait dit de sa sœur, c'était impossible...
Mais où aller? que faire? que devenir? L'avenir y pourvoirait. Il ne répondit qu'un mot :

— Nous partirons, monsieur le comte.

— Et je vous porterai moi-même ce soir le
premier argent que je vous destine.

— C'est inutile, monsieur le comte, j'ai encore les cent francs que vous m'avez donnés,

ce sera assez pour vivre jusqu'à ce que nous ayons trouvé de l'ouvrage.

— Non, non, dit le comte, qui parut ému par ce noble désintéressement, non, je n'accepte pas, je ne veux pas, ce serait me désobliger.

Il regarda Brutus, et il sembla qu'une nouvelle idée vînt le frapper, il reprit cette promenade active dont il avait l'habitude toutes les fois qu'il était préoccupé par quelque pensée qu'il cherchait à éluder.

Enfin il s'arrêta devant Brutus, et lui dit, en le contemplant avec un intérêt tout particulier :

— Mais quel âge avez-vous au juste ?

— Vingt ans, monsieur.

— Vingt ans ! dit le comte en tressaillant. Et où êtes-vous né ?

— Hélas ! monsieur, dit Brutus, à l'hospice, et...

Et comme il allait continuer, il aperçut sa mère qui quittait le salon et qui s'éloignait assez paisiblement.

— Pardon, dit-il, voilà ma mère qui s'en va, si on la rencontrait ainsi, on pourrait la poursuivre encore et l'effrayer... Je vais la ramener à la maison.

— Eh bien, lui dit M. de Lugano avec une expression sérieuse, mais pleine d'affection, attendez-moi ce soir, j'irai vous trouver.

— Ce soir, dit Brutus, chez nous ?

— Oui, reprit le comte, quand la nuit sera tout à fait close, vers dix heures.

— Comme il vous plaira, monsieur, je vous remettrai vos papiers.

Et tout aussitôt Brutus quitta le comte et rejoignit sa mère qui se laissa paisiblement aborder et diriger par son fils.

Brutus la menait doucement vers la petite porte qui ouvrait en face de sa maison, lorsque tout à coup il entendit un léger bruit près de lui, et il aperçut Paméla, dont les yeux étaient rouges comme si elle avait beaucoup pleuré.

— Monsieur Brutus, lui dit-elle en l'abordant rapidement, il faut que je vous parle.

— A moi?

— Oui, à vous.

— C'est que dans ce moment... fit Brutus en lui montrant sa mère.

— Ah! nous n'aurions pas le temps. Mais ce soir je serai dans le parc, venez vers huit heures, je serai dans cette allée.

Et sans attendre la réponse de Brutus elle s'éloigna. Lorsqu'il eut ramené sa mère dans sa maison, il se mit à réfléchir à tout ce qui était arrivé depuis quelques heures.

Il y a des moments où les hommes les plus habitués à se trouver dans les conflits d'événements les plus pressés se sentent désorientés et ne savent de quel côté se diriger.

Que devait-il donc arriver à Brutus, qui, pour la première fois, voyait sa vie mise en question; qui avait à prendre parti, non seulement pour lui, mais encore pour sa sœur! Quoi qu'il eût de colère contre Rosalie, il concevait cependant qu'elle avait sur lui une grande supériorité dans tout ce qui concernait l'action de la vie, et il entra dans sa chambre pour s'expliquer avec elle.

Il lui fit part de la proposition de M. de Lugano; mais Rosalie la repoussa, non par le même sentiment de Brutus, non parce qu'elle ne voulait pas recevoir le prix de l'abandon qu'elle ferait de ses droits sur Hector, mais parce qu'à son dire ce prix n'était pas assez élevé.

— Oh! non, lui dit-elle, je ne partirai pas. Ce n'est pas pour si peu qu'il m'aura traitée comme il l'a fait. Oh! je le ferai passer par un petit chemin où il n'y a pas de pierres.

— Mais que prétends-tu faire?

— Je l'en ai averti, c'est plus que suffisant; tu n'as pas besoin d'en savoir davantage. Seulement, mets-toi bien dans la tête que je ne partirai pas.

— Tu le déclareras donc toi-même à M. de Lugano, dit Brutus; car il viendra ce soir.

— Ici?

— Ici.

— Et tu ne me le dis pas, et tu ne m'avertis pas….. Il trouvera la maison en désordre, il nous prendra pour des gueux; mais tu n'as pas plus de cœur, tu n'as pas plus d'amour-propre qu'un gardeur de moutons.

Toutefois ce n'est pas pour ajouter un trait au tableau des bonnes dispositions de mademoiselle Rosalie que nous avons parlé de cet entretien ; c'est à cause d'un mot, d'un seul mot qui y fut prononcé et qui bouleversa tout le cœur de Brutus et apporta dans sa pensée plus de trouble que n'eussent pu faire les événements les plus extraordinaires.

Comme il discutait avec sa sœur les droits qu'elle croyait avoir sur Hector, il lui dit :

— Non, vois-tu, je ne souffrirai pas qu'il abandonne mademoiselle Paméla.

— Oh ! s'écria Rosalie, si tu n'étais pas un imbécile.

— Plaît-il ?

— Tu te serais fait aimer de cette Paméla.

— Moi ?

— Eh oui, toi si tu n'étais pas si balourd et si bête ; mais tu n'as jamais osé lever les yeux sur une femme. Je suis sûre que tu ne sais pas même si elle est jolie.

— Ah ! que si, elle est jolie ! s'écria-t-il avec chaleur.

— Mais peut-être bégueule ?

— Au contraire, bonne, douce, charmante.

— Bah ! fit Rosalie, et tu n'en es pas amoureux ?

— Amoureux ! répéta Brutus en haussant les épaules.

— Eh bien, oui, amoureux, lui dit Rosalie ; où serait le grand mal ?

— Amoureux, répéta Brutus, tu es folle.

Puis ils se séparèrent, elle pour continuer les apprêts de la réception de M. de Lugano, lui pour rêver. A quoi rêva-t-il ?

Les dieux s'en vont ; est ce que l'amour, qui
est un dieu aussi, ne s'en va pas ? je ne sais ;
mais il me parait du moins qu'il se déplace,
ou, si on l'aime mieux, qu'il se transforme.

Voyez plutôt : nous avons l'amour régulier,
celui qui s'établit avec le consentement des
prud'hommes de deux familles, sur des convenances de jeunesse, de caractères, de fortune,
d'avenir ; amour chaste, honnête, aux désirs
contenus sans trop de peine, aux rêves soli-
dement basés sur une réalité prochaine ;
amour mesuré et clairvoyant qui par un sen-
tier battu mène jusqu'au mariage, entre dans
la maison, et qui, s'il n'y demeure pas éter-
nellement, ne la quitte du moins qu'après
avoir laissé à sa place la confiance, l'habitude
et la communauté d'intérêts. C'est cet amour
qu'il faut souhaiter à son fils ou à sa fille pour
leur bonheur et leur honneur.

Nous avons aussi l'amour extravagant, celui
qui attache les natures les plus hautes aux

organisations les plus viles, les esprits les plus
sensés aux imaginations les plus fantastiques.

On trouve encore dans notre société l'amour
forcené qui tue, l'amour aveugle qui perd,
l'amour qui se vend, l'amour qui achète, et cet
amour dégradé, quoique jeune, et qui brûle
dans la fange parmi les joies brutales du désordre. Nous avons tous les amours adultères,
depuis celui qui se cache par les ruses les plus
perverses et les plus assidues, jusqu'à celui
qui porte sa honte le front haut. Nous avons
bien aussi quelques nobles amours, soumis-
sions dévouées jusqu'au martyre, protections
fidèles jusqu'à la tombe.

Il y a aussi un amour qui semble être surtout de notre époque, c'est celui des hommes
qui ont usé leur jeunesse dans l'ivresse des
plaisirs grossiers ou dans la pratique des af-
faires ; c'est celui des femmes qui ont laissé
dormir trop tard leur cœur dans les occupa-
tions sérieuses ou frivoles d'une vie monotone
et froide. Une heure vient où un rayon de ce
feu qu'ils ont ignoré brille à leurs yeux, heure
tardive qui leur montre le soleil quand il des-
cend déjà à l'horizon.

Et cependant, pour ces voyageurs fatigués
qui ont trop longtemps marché à l'ombre,
l'éclat de cet astre est si éblouissant, sa chaleur si vive, qu'ils s'en laissent aveugler et
pénétrer, et voilà tout aussitôt des passions
profondes et naïves qui commencent entre
gens qui devraient savoir ce qu'ils font, et qui

y sont aussi maladroits et aussi ingénus que des enfants; amour difficile, car il a besoin d'esprit pour parler et d'élégance pour n'être pas ridicule.

Mais ce que nous n'avons plus, ce que vous chercheriez vainement autour de vous, c'est l'amour adolescent, cet amour qui est beau seulement parce qu'il est de l'amour, cet amour du matin de la vie, qui prend dans toute sa virginité le cœur de deux créatures jeunes, belles, pures, intelligentes, pour les donner l'une à l'autre avec une foi sans bornes et une espérance illimitée; amour de jeune homme et de jeune fille où tout est charmant et gracieux, depuis les rêves les plus impossibles jusqu'aux enfantillages les plus mièvres; et cela, parce que cet amour a si justement raison d'exister, que tout ce qu'il fait est bien fait.

C'est cet amour auquel il est permis de se mirer dans les étoiles à une heure convenue, d'interroger l'oracle des fleurs, de se faire des allumettes d'une feuille desséchée, d'appuyer ses lèvres où s'est appuyée une main, et de demander à genoux un ruban passé ou une violette qu'on a respirée, enfin c'est celui qui a la folle illusion de se croire immortel, et qui jure de mourir plutôt que d'oublier.

Hélas! entre nos belles demoiselles qui concertent déjà au pensionnat les coquetteries avec lesquelles elles brilleront dans le monde, et nos jeunes gens qui semblent croire que le titre d'homme ne s'acquiert que dans le vice, ce bel amour n'existe plus, et beaucoup d'hommes auront vécu qui n'auront jamais été jeunes, et pour qui le récit d'un pareil amour sera un rêve de poète dont ils riront comme on rit de toutes les religions dont on ne connaît plus les célestes mystères.

Quant à nous, qui sommes en face d'un pareil amour, nous hésitons à le raconter, car nous avons dit que Brutus s'était éloigné pour rêver. Et combien trouverons-nous de lecteurs qui croiront qu'un jeune homme de vingt ans s'en alla le cœur bouleversé par un mot, pour se demander si véritablement il était amoureux?

— Amoureux! se dit-il. Mais qu'est-ce donc? Ma sœur prétend que M. Hector est amoureux d'elle.

Et sans avoir été le témoin de cet amour, il lui semblait qu'il ne pouvait y avoir dans son cœur et dans celui de cet homme des sentiments qui dussent porter le même nom, et cet amour que Rosalie disait éprouver et dont elle parlait si haut d'une voix criarde et d'un air menaçant, si c'était de l'amour, Brutus n'en avait point Et cependant, qu'éprouvait-il pour Paméla?

Maintenant qu'il s'interrogeait, il reconnaissait bien qu'elle ne lui était pas indifférente. Peut-être, s'il l'eût quittée avant ce mot de sa sœur, n'eût-il pas cru qu'il la regretterait, peut-être eût-il simplement emporté son image et

son souvenir, sans se douter qu'il y penserait
au premier mot d'amour qui lui serait dit,
comme il arrive quelquefois à un voyageur
insouciant qui traverse les plus beaux sites
sans les contempler : si, longtemps après, on
lui parle de quelque magnifique paysage, il se
ressouvient tout à coup, se rappelle les beaux
spectacles qu'il a vus, et sent naître en lui un
regret de ne pas les avoir admirés.

Mais il n'en pouvait plus être ainsi pour
Brutus, ses regards avaient été arrêtés et tour-
nés sur lui-même, et le pauvre jeune homme
cherchait déjà à se comprendre. Oui, Paméla
lui semblait un être doux, gracieux, elle lui semblait belle; si Paméla eût été menacée de mort,
il se fût mis à sa place avec joie; si elle lui eût
dit qu'il fallait devenir riche, il eût cherché
et aimé la fortune, il fallait bien qu'il le re-
connût.

Jusqu'à ce moment, il n'avait pensé à rien
de tout cela, mais maintenant, à mesure qu'il
s'interrogeait, il découvrait combien le bonheur
de sa vie était soumis au bonheur d'une autre.

Mais parce qu'il ne s'occupait que d'elle,
parce que, dans tout ce long examen qu'il faisait de son cœur, il ne mêlait pas une espérance pour lui, parce qu'il se sentait prêt à
tout pour Paméla, sans oser désirer une récompense de ses sacrifices, il se disait qu'il
n'éprouvait point d'amour; et enfin il en arriva à cette conclusion bien digne de ce cœur

ignorant : « Je l'aime, mais je n'en suis pas amoureux ».

Et cette conclusion n'était pas si niaise qu'elle semblait l'être ; car il y a aussi deux amours dans ce bel amour vrai dont nous parlions, celui qui aime pour être aimé, et celui qui n'aime que pour aimer.

Voilà donc où en était Brutus après une longue rêverie, et il se croyait bien assuré d'être dans la vérité lorsque sonna l'heure où il devait aller trouver Paméla, et alors tout ce bel édifice d'affection calme qu'il s'était retracé s'écroula tout à coup.

A l'idée de la revoir, il s'effraya de penser qu'il la regarderait ; à la pensée de lui parler, il éprouva qu'il ne l'oserait plus ; au moment de l'entendre, l'écho de cette voix d'enfant lui sembla une musique oubliée dans son cœur, et qui l'enivrait par le souvenir, et dont il ne pourrait supporter les sons sans pleurer et en être heureux. Il pensa à n'y pas aller, et si quelqu'un l'eût arrêté, il l'eût brisé sur sa route pour arriver plus tôt ; et comme il restait immobile sur la porte du parc, encore incertain s'il irait à ce rendez-vous, la peur qu'il eut qu'elle n'y fût pas venue ou qu'elle fût déjà partie, l'y fit courir avec rapidité.

Elle venait du bout de cette longue allée qu'elle lui avait désignée, et le soleil, qui se couchait à son extrémité dans un cadre sombre d'épais tilleuls, éclairait cette forme aérienne d'une transparence éthérée. Ses jeu-

nes cheveux, légèrement soulevés par la marche et la brise, s'éclairaient des rayons jaunes
du soleil et environnaient ce visage de jeune
fille d'une auréole d'ange.

Brutus s'arrêta immobile; il se sentit prêt à
tomber à genoux, non pour adorer, mais pour
demander pardon, il lui sembla qu'il était coupable, il comprit un moment qu'il aimait comme
il ne croyait pas aimer, et cela lui sembla un
outrage, que lui, misérable enfant perdu, pé-
nible lutteur dans une vie de pauvreté, si mal
vêtu et si grossier qu'il était, il eût osé regarder autrement que comme une divinité qui
n'était pas de sa terre cette belle jeune fille
blanche et frêle, et dont la vie délicate ne semblait pouvoir respirer que le parfum du luxe
et le langage paré des sentiments les plus ex-
quis.

Quant à Paméla, elle était tout à fait igno-
rante de son cœur, et si quelqu'un lui eût dit
qu'elle aimait Brutus, elle eût pu s'interroger
sans crainte, car si naïve qu'elle fût, elle savait déjà assez du monde pour répondre que
c'eût été ridicule. Elle aborda Brutus et lui
parla la première.

Elle était agitée; elle avait encore pleuré,
mais elle ne se mettait pas en peine de le ca-
cher : cet homme était si loin d'elle, qu'elle n'a-
vait pas de vanité vis-à-vis de lui. Et cependant elle eût caché ses larmes à un valet, parce
que de pareils regards profanent la douleur où
ils pénètrent; elle les avait cachées à son on-

cle, parce qu'il les aurait jugées et condam-
nées.

Pourquoi venait-elle donc si confiante les
montrer à Brutus?

C'est que Brutus était à elle comme un es-
clave, comme un chien, comme un ami; elle
n'avait pas de nom pour cette confiance qu'elle
accordait ainsi à cet homme; mais elle souffrait, et elle venait le lui dire, mais elle se
croyait en danger, et elle n'hésitait pas à l'appeler à son aide.

Donc, quand elle fut près de lui, elle commença ainsi, d'une voix altérée:

— J'ai voulu vous voir, monsieur Brutus,
parce qu'il faut que vous me disiez la vérité.

— Quelle vérité? répondit Brutus dont l'é-
motion changea de nature à cette question,
car il prévit ce que Paméla allait lui demander.

— Vous ne voulez pas me mentir, je suppose, dit Paméla, car vous savez bien ce que
je veux vous dire.

— Je vous assure... dit Brutus.

— Ecoutez, dit Paméla vivement: hier, quand,
après cette scène extraordinaire qui s'est passée au château, mon oncle vous a emmené
chez lui, je suis restée, moi, près de votre
mère.

— Eh bien? dit Brutus.

— Eh bien, savez-vous ce qu'elle m'a dit? Je
vous le répète mot pour mot, pour que vous
compreniez bien ce que j'ai dû penser. La fu-

reur qui l'avait d'abord saisie à ma vue s'était tout à fait calmée, et elle s'approcha de moi en disant : « Ah! vous êtes bien plus belle que votre frère. — Mais je n'ai pas de frère, lui dis-je. — Ah! si, vous en avez un, je le connais, il vient tous les jours à la maison, il sera le mari de Rosalie, il le lui a promis. — Qui? m'écriai-je, Hector? — Vous voyez bien, répliqua-t-elle, que vous le connaissez, et que c'est votre frère. Oui, oui, il épousera ma fille, et il sera mon fils à la place de celui qui est mort. — Mais M. Brutus n'est pas mort, lui dis-je. — Ah! tant mieux! » Et alors elle ajouta parmi beaucoup d'autres folies : « S'il n'est pas mort, j'aimerais mieux que ce fût vous. » Je voulus lui faire expliquer cette phrase que je ne comprenais pas, et elle reprit : « Oui, j'aimerais mieux que ce fût vous qui devinssiez mon enfant au lieu de votre frère. Si vous épousiez Brutus, vous seriez ma fille, comme il sera mon fils quand il aura épousé Rosalie. »

— Pauvre mère, dit Brutus, à qui deux larmes vinrent aux yeux.

— Vous voyez bien, monsieur, que je sais tout. J'aurais pu ne pas croire aux paroles sans raison de votre mère, mais lorsque je me suis rappelé que vous n'aviez pas voulu dire devant moi les raisons qui vous faisaient quitter la maison de mon oncle, j'ai dû être certaine de la vérité, et c'est pour cela que j'ai voulu savoir de vous si c'était vrai.

Singulière phrase où Paméla demandait qu'on

lui affirmât ce dont elle avait la certitude. Mais Brutus n'y prit pas garde et il repartit :

— Je ne vous l'aurais pas dit, mais puisque vous le savez...

— C'est donc vrai ! s'écria Paméla. Je suis trompée, trahie, et trompée par vous. Ah ! c'est indigne !

— Par moi ! s'écria Brutus, par moi !

— Oui, par vous, car il y a longtemps que vous le saviez. Vous ne pouviez pas ignorer que mon cousin allait chez votre sœur, qu'il lui avait promis de l'épouser, et vous ne m'en avez rien dit. Et hier, quand je vous ai prié de vous informer de ce que faisait Hector, vous n'avez pas répondu. Mais c'est affreux ce que vous avez fait là.

Et puis elle se mit à pleurer avec les marques de la plus vive douleur.

— Mais, s'écria Brutus, je ne le savais pas, car ils m'ont trompé aussi, moi.

— Bien vrai ? lui dit-elle.

— Mon Dieu, mon Dieu ! vous avez bien mauvaise opinion de moi, reprit Brutus. Est-ce que je l'aurais souffert si je l'avais su ? est-ce que j'aurais voulu permettre à M. Hector de vous faire ce chagrin-là ?

— Mais, dit Paméla, il aime votre sœur, et son bonheur doit vous être plus cher que le mien.

— Oh non ! dit-il vivement. Puis il ajouta d'un ton triste et soumis : Mais ce n'est pas ma faute, je vous jure.

— C'est qu'il promettait de l'épouser, et un tel avenir...

— Oh! ne vous moquez pas de moi, reprit Brutus; est-ce que je ne sais pas que c'est impossible? Ma sœur est une folle qui l'a cru; mais lorsque hier on m'a appris dans le village qu'elle le recevait tous les jours, j'ai si peu pensé que ce pût être vrai, que j'ai failli étrangler ce pauvre Grand-Louis.

— Et pourquoi l'étrangler, puisqu'il disait vrai?

— Oh! s'écria Brutus, c'est que ce n'est pas ainsi qu'il le disait.

— Et comment le disait-il?

Brutus se détourna comme pour dompter l'émotion qu'il éprouvait, puis il reprit d'une voix sourde :

— Oh! ça ne regarde que moi, mademoiselle, ils m'ont dit des choses bien dures et bien infâmes. Je ne suis qu'un pauvre garçon, c'est vrai, je n'ai ni éducation ni fortune; mais me dire que je prêtais les mains à la mauvaise conduite de ma sœur!... mais m'accuser d'en profiter!... Je ne leur ai pourtant jamais fait de mal à ces gens-là, jamais, je vous le jure, et voilà pourtant comme ils m'ont traité.

— Ainsi, dit Paméla, tout le pays en parle?

— Oui.

— Et que comptez-vous faire? reprit la jeune fille en se retournant vers Brutus.

— Tout ce que vous voudrez.

— Comment, ce que je voudrai?

— Oui, oui! M. le comte m'a bien fait des offres avantageuses, il m'a promis beaucoup d'argent pour quitter le pays avec ma mère et ma sœur. Mais, quoi qu'on en dise, voyez-vous, ce n'est pas pour de l'argent que je ferai une pareille chose; mais si ça vous convient, à vous, ajouta t-il en s'animant, nous partirons. Je saurai bien forcer ma sœur à quitter le pays.

— Oh! mon Dieu, fit Paméla, en affectant un air indifférent, ça m'est bien égal, je vous jure.

— Ah! fit Brutus, qui espérait que Paméla l'aiderait de ses conseils, et qui baissa la tête, comme accablé de la responsabilité qu'on lui faisait; eh bien, alors je tâcherai de faire pour le mieux.

— Est-ce que vous préférez rester? dit Paméla.

— Je ne sais pas, répondit Brutus d'un air désolé.

— Comment, dit Paméla, vous ne savez pas?

— C'est que, reprit Brutus avec un véritable désespoir, je suis si malheureux, moi!

— Vous?

— Oui, moi: ma sœur me déteste, ma mère ne m'aime pas, tout le monde me persécute et m'en veut; et vous, mademoiselle Paméla, vous allez m'en vouloir aussi; et cependant, Dieu m'est témoin, et je crois en Dieu, moi!

Dieu m'est témoin que j'aurais donné mon sang pour que cela n'arrivât pas.

Paméla le regarda avec surprise, tant l'accent de sa voix était profond et ému.

— Hélas! dit-elle, vous ne pouviez pas l'empêcher.

— Ah! je l'aurais pu, repartit Brutus, car, enfin, plus d'une fois vous vous êtes étonnée de l'absence de M. Hector, vous en étiez triste, et j'aurais dû m'informer où il allait, car ce n'était pas naturel; être près de vous et vous quitter! il fallait donc qu'il en aimât une autre.

— Oui, dit Paméla amèrement, il en aimait une autre.

— Oh! non, mademoiselle, il ne l'aimait pas, il ne pouvait pas l'aimer; c'est une pauvre fille qui n'a pas de raison; et vous, vous êtes un ange; vous, vous êtes bonne, vous avez de l'esprit, vous êtes belle, on vous aime rien qu'à vous regarder, on vous aime rien qu'à vous entendre; vous, on se mettrait à genoux pour vous prier comme une sainte Vierge... Oh! non... non, il ne pouvait pas aimer ma sœur; c'est vous qu'il aimait, je le sens bien, moi.

Paméla regarda encore Brutus, mais elle baissa les yeux devant le regard attendri dont il l'enveloppait.

— Oh! n'ayez pas peur, reprit Brutus, il reviendra, il vous aimera, vous lui pardonnerez, vous serez heureuse.

— Non, dit Paméla, confuse et émue de ces

paroles prononcées d'une voix suppliante, non, je ne serai pas heureuse, car je ne l'aimerai pas, moi.

— Oh! ne dites pas cela, s'écria vivement Brutus, il ne faut pas être inflexible, il faut j'aimer: il a fait une faute, mais vous le rendrez bon, vous; il sera ce que vous voudrez, je vous en réponds, moi; dites-lui seulement comme il doit être, et il deviendra comme vous le méritez, je vous le jure, je vous le promets.

— Vous vous trompez, Brutus, lui dit tristement Paméla, vous le jugez d'après vous; non, Hector ne m'aimera pas comme j'aimerais, moi, comme vous m'auriez peut-être aimée, vous.

En disant cela, Paméla ne comprenait pas que Brutus pût l'aimer, et le lui disait comme si elle eût parlé à son frère, et quoique cette parole touchât à la blessure de son cœur, il ne la sentit pas, et il répéta machinalement, comme s'il se parlait à lui-même:

— C'est peut-être vrai. Ah! oui, c'est vrai. Il ne vous aimera jamais comme moi.

C'était un aveu, et Paméla le comprit, mais il croyait ne pas avoir parlé, et il reprit en secouant tristement la tête:

— Tenez, mademoiselle Paméla, il paraît que c'est ainsi dans ce monde: les bons cœurs ne sont pas faits pour être heureux. Je vous crois, vous ne serez pas heureuse non plus.

Il s'arrêta pour essuyer une larme, puis il

ajouta avec un geste de la main, et comme
s'il jetait sa destinée au vent : ·

— Mais enfin, vous serez riche, et moi je
suis fait à la misère.

— Mais, lui dit Paméla émue et tremblante
de la découverte qu'elle venait de faire, vous
pouvez devenir riche aussi.

— Et pourquoi? mon Dieu! dit Brutus;
qu'est-ce que ça me fait d'avoir de la fortune
pour moi tout seul?

— N'avez-vous pas votre mère et votre sœur?

— C'est vrai, je travaillerai pour elles; elles
ne m'en aimeront pas mieux, mais enfin j'aurai fait mon devoir, ça me consolera un peu.

— Mais vous n'étiez pas si triste il y a deux
jours, et c'était la même chose.

— Oh! non, reprit Brutus, c'est qu'il y a
deux jours, je ne savais pas encore...

Il s'arrêta, car alors il découvrit que c'était
la douleur de son amour qui parlait à son insu;
il se mit à regarder Paméla en silence. Elle
demeura immobile, les yeux baissés devant
lui, ne sachant comment lui parler et n'osant
le regarder de peur de lire la vérité sur son
visage.

Quant à lui, il la contempla longtemps dans
un muet examen; pour la première fois il la
vit belle de toute sa beauté; pour la première
fois il lui sembla qu'il pénétrait jusque dans
son âme et qu'il en apercevait l'angélique dou-
ceur et la candide bonté. Tout l'amour qu'il

éprouvait pour elle lui monta au cœur, l'étouffa et l'enivra.

Enfin, éperdu, brisé, vaincu par ce bonheur qui l'épouvantait, il tomba à genoux devant elle, et lui dit comme un condamné :

— Oh ! mon Dieu ! mon Dieu ! ayez pitié de moi.

Ce fut le tour de Paméla de contempler ce jeune homme prosterné sous son regard et qui n'avait eu de paroles que pour lui parler de son bonheur à elle ; âme dévouée, cœur confiant, et qui ignorait que tant d'amour est une séduction, que tant d'abnégation est un titre ; elle le regarda, et le prenant en pitié, elle lui dit en lui serrant la main :

— Oh ! je ne vous en veux pas.

Il se releva et ils reprirent leur marche, lui se sentant pardonné, mais sans que ce pardon l'eût encore relevé à ses propres yeux ; elle, se demandant pourquoi elle avait compris qu'il l'aimait et pourquoi elle ne regrettait pas qu'il l'aimât, car cela ne pouvait être qu'un malheur pour lui, et pourtant ce n'était pas vanité d'amour dans ce jeune cœur, ce n'était pas le bonheur d'un triomphe qui eût flatté d'autres femmes qui l'empêchait de plaindre Brutus, c'est que quelque chose murmurait en elle qui lui disait :

— Je serai malheureuse comme lui.

Et pourtant ce malheur prévu, ce n'était pas encore celui de son amour pour Brutus, c'était l'absence de tout autre amour, elle ne

croyait pas encore avoir attaché son cœur à
cet amour, mais elle sentait qu'il était détaché
de tout autre.

Ce silence se fût longtemps prolongé si tout
à coup une voix impertinente ne se fût fait entendre et n'eût arraché les deux jeunes gens
'à leur préoccupation. Cette voix était celle
d'Hector.

— Eh bien! s'écria-t-il d'un ton aigre, que
faites-vous là à vous promener sentimentale-
ment les bras balants?

A l'aspect d'Hector, Paméla devint rouge,
mais d'indignation. Brutus demeura troublé
comme un coupable surpris en flagrant délit.

— Vous le voyez, dit Paméla, nous nous
promenons.

— Il paraît que la conversation n'était pas
très intéressante, ma belle cousine, dit Hector
en lui prenant la main.

— C'est vrai, reprit Paméla en la retirant ;
nous parlions de vous.

— De moi! dit Hector, à qui le ton et l'action de Paméla donnèrent l'alarme. Et qu'est-
ce que vous en disiez, monsieur? ajouta t il
en se posant devant le maître d'école.

Brutus n'était ni assez faux ni assez habile,
pour trouver une réponse convenable à une
question si soudaine ; il se tut, et Hector ajouta :

— Des sottises, sans doute, des imperti-
nences !

Brutus se passa la main sur le front comme
pour en écarter une pensée qui y était montée

avec le sang, et il répondit d'une voix qu'il avait grand'peine à maîtriser :

— Ce que j'ai dit de vous, vous pouvez le demander à mademoiselle ; ce que j'en pense, je le dirai à votre père.

— Qu'est-ce que c'est que ce drôle ?

— Ah! s'écria Brutus avec un cri furieux, ah! tenez, taisez-vous... Puis il ajouta sourdement, en lui jetant un regard menaçant : Vous ferez mieux de vous taire, croyez-moi.

— Mais enfin, qu'y a-t-il? demanda Hector en se dandinant et en se retournant vers Paméla.

Elle se recula sans répondre, et s'éloigna après lui avoir jeté un regard de mépris ; et comme en s'éloignant elle passait près de Brutus, elle lui dit tout bas :

— Oh! non, Brutus, je ne l'aimerai jamais, je vous le promets.

— Qu'est-ce qu'elle vous a dit ? s'écria Hector.

Brutus l'entendit à peine, un éclair d'amour venait de l'éblouir.

— Me répondrez-vous, monsieur? qu'est-ce qu'elle vous a dit ?

— Rien qui vous regarde, monsieur, répondit-il.

Et en parlant ainsi il sentait qu'il ne mentait pas ; quoiqu'elle n'eût parlé que d'Hector, c'était à Brutus qu'elle avait pensé ; et lui, comme si tout d'un coup sa nature se fût élevée à la

hauteur de ce ciel qui s'était entr'ouvert pour
lui, il répondit gravement à Hector :

— Monsieur, je dois avoir ce soir avec monsieur votre père une explication qu'il vous rap-
portera sans doute. Je souhaite qu'elle soit de
nature à ne pas me forcer à venir vous en demander une autre.

A ce moment Brutus était l'égal de M. Hector de Lugano, et la meilleure preuve qu'il
venait d'acquérir la conscience de sa dignité,
c'est que ce ne fut plus par un cri de colère
qu'il la montra, mais par une résolution calme.

Il salua froidement M. Hector et s'éloigna.

Vous voyez bien cet homme qui sort du
parc, il a le même habit mal taillé, la même
chaussure grossière, le même chapeau
ébouriffé que tout à l'heure; il a le même visage et la même taille, mais il n'a plus la
même allure, la même tenue, le même air. Ce
n'est plus le Brutus de tout à l'heure, c'est un
autre, que personne ne connaît maintenant
que lui-même; car une voix en laquelle il croit
lui a dit ce qu'il était.

Laissez-le passer et ne l'insultez pas, car il
a déjà assez de force et d'esprit pour dédaigner
la force de son corps et écraser celui qu'une
heure avant il eût brisé du poing. Prenez
garde, ne touchez ni à la dignité ni au bonheur de ce Brutus-là, car il ne vous les aban-
donnera plus comme une proie qui est à la
disposition de tout le monde.

Ne croyez pas cependant qu'à ce moment il
pense, il réfléchisse, il calcule; non, il sent, il
comprend plus largement, il vit plus haut et
se trouve à l'aise dans cette extase de lui-

même. Laissez-le donc passer sans rien lui dire et sans l'éveiller : respect au bonheur! Allez, croyez-nous, c'est une chose si rare ici-bas, une fortune si fragile et si fugitive qu'une heure d'un pareil bonheur, que la voix envieuse et chagrine qui vient le troubler nous semble aussi criminelle et aussi méprisable que celle qui insulte à la misère et au désespoir.

D'ailleurs, comme nous vous le disons, cela ne sera pas long, cela n'importunera pas long-temps ceux qui souffrent, il n'y a pas bien loin de cette vaste allée où il a aspiré la nouvelle vie qui l'anime, jusqu'à cette maison où l'attend la misère, le déshonneur, la folie et peut-être la persécution.

Vous voyez bien qu'il y pense déjà, car il s'en éloigne, l'heure n'a pas sonné où il doit recevoir M. de Lugano, et jusqu'à cette heure il s'appartient. Il ne doit compte à personne de sa pensée, et il l'emporte bien loin, à l'ombre de la nuit, dans un lieu solitaire et muet, où son âme pourra se plonger, chaste et nue, dans ce flot de bonheur qui l'inonde, sans craindre les regards curieux qui la feraient rougir et se voiler.

Quant à Paméla, que faisait-elle? car son tour était venu de s'interroger, et pour elle la réponse ne devait pas être difficile comme pour Brutus, car elle savait mieux que lui apprécier la valeur d'une sensation : c'était son privilège de femme. Elle savait mieux aussi où va la vie, et les chances qu'elle peut offrir à un amour quel qu'il soit : c'est le privilège du monde où elle avait été élevée.

Mais pour bien nous faire comprendre, il nous faut raconter comment elle procéda à cet examen, tandis qu'elle s'égarait solitairement dans les vastes allées du parc.

— Il m'aime, se dit-elle, oh ! oui, il m'aime et de quel noble amour ! Pourquoi le sort a-t-il placé si bas une âme si haute ? Pourquoi celui-là ne peut-il pas m'aimer ? car peut-être je l'aurais aimé, moi.

Voilà comment pensa la jeune fille qui, en ce moment, n'écoutait que la voix de son cœur, mais une voix du monde la fit s'arrêter, et cette voix lui dit :

— Quelle folie ! aimer cet homme, toi, belle et riche, destinée à briller dans le monde le plus opulent ! Mais si tu l'aimais, par malheur, cet homme, tu ne pourrais pas l'épouser. Tu oserais encore moins te montrer à ses côtés en face de ce monde railleur qui t'attend. Hélas ! on ne peut lui raconter les nobles qualités cachées qu'un pareil cœur possède, l'affection pure et profonde qu'il recèle; ce monde ne regarde que les dehors, et il ne verrait dans ton mari qu'un rustre gauche, sans savoir-vivre et sans élégance. Cet amour est impossible.

Puis, quand cette voix eut cessé de parler, celle du cœur revint qui lui répondit :

— En vérité, n'est-ce pas là une cruelle injustice? car si je suis née dans l'opulence, c'est parce que mon père, parti d'aussi bas que cet homme, a acquis cette fortune par son travail. Puis-je mépriser ce qu'est Brutus sans mépriser ce qu'a été mon père ?

— Oui, disait l'autre voix; mais ton père avait toutes les apparences de ce monde où il était arrivé; il en avait le langage, les manières, les habitudes.

Et le cœur répliquait aussitòt :

— Et pourquoi ne les acquerrait-il pas comme mon père les a acquises? Il est gauche, en quoi ? Ne parle-t-il pas avec aisance et justesse? et on apprend vite à saluer et à poser son chapeau en entrant dans un salon. Il a l'air commun d'un paysan...

Ici Paméla s'arrêta, car c'était vrai : le pauvre Brutus n'avait rien d'un élégant.

Alors elle le regarda en elle-même avec ses habits mal faits, ses gros souliers, ses mains rouges, son teint hâlé, ses cheveux négligés : elle le regarda comme elle le voyait tous les jours.

— C'est vrai, pensa-t-elle en soupirant.

Mais la voix du cœur murmura doucement :

— Cependant ce visage est beau, ces yeux sont admirables, ces dents étincelantes, ces cheveux noirs sont brillants et souples, cette taille est svelte et élégante. Supposez un moment que ce ne soit pas un pauvre paysan mal vêtu; supposez qu'il soit né riche et qu'il sache, comme tant d'autres, se parer de sa beauté; mais il serait remarquable parmi les plus beaux de ceux que les femmes admirent !

Et voilà la jeune fille qui, en imagination, habille Brutus comme son cousin Hector, mieux que son cousin Hector, sans exagération, sans ridicule, et voilà qu'elle voit devant elle un beau jeune homme élégant, avec toute la mâle beauté d'une riche nature, toute l'élégance apprise d'une grande fortune, un beau fiancé à l'allure ferme, au regard hautain, au sourire bienveillant ; elle lui prend le bras et le promène en le regardant d'en bas, elle frêle et petite, lui grand et fort, et elle voit que c'est un tableau charmant, et si elle rencontre une de ses amies, elle lui dit que c'est là son mari, et celle-ci le regarde d'un œil d'envie.

Or vous voyez bien que cette jeune fille aime ce jeune homme, sans cela elle ne prendrait pas tant de soin de se prouver qu'elle peut l'aimer, aussi elle se persuade et elle est heureuse.

Mais la voix du monde revient, aigre et fâcheuse, qui lui crie :

— Mais avec tout cela il faudra s'appeler madame Brutus !

— Mais, s'écrie l'amour avec impatience, mon oncle s'appelait autrefois d'un nom ignoble, et il s'appelle aujourd'hui le comte de Lugano. Je suis riche, moi, je lui achèterai une baronnie, un marquisat, si je veux. Je serai marquise, si cela me plaît. Laissez-moi l'aimer.

Cependant le cœur se tait, tout ce rêve s'en va, et Paméla, désolée, se mit à pleurer en se disant :

— Et pourtant tout cela serait possible si je le voulais, si je l'osais.

Mais elle ne l'osera pas, elle le sent et elle sent alors qu'elle sera malheureuse. C'est ce qui fait qu'elle pleure, que pour la première fois de sa vie elle trouve qu'elle est une pauvre enfant abandonnée, qui n'a plus de mère à qui raconter, en se cachant dans son sein, ce qu'elle rêve et ce qu'elle souhaite ; qui n'a plus de père indulgent qui sacrifie les vaines convenances du monde à son unique fille chérie, et la pensée de cet isolement lui cause un désespoir si profond, qu'elle éclate en larmes et en sanglots.

Comme l'heure est venue où le comte de Lugano doit se rendre près de Brutus, le hasard fait qu'il passe près d'elle et qu'il la surprend, et lui demande ce qui la fait ainsi pleurer.

— Rien, monsieur, rien, lui répondit-elle en s'essuyant les yeux.

— Rien ? dit M. de Lugano, qui a vu Hector et qui, dans l'explication qu'il a eue avec lui, a appris la rencontre que son fils a faite de Paméla et de Brutus, et l'accueil qu'il a reçu de l'un et de l'autre ; rien ? dit-il, cela n'est pas probable, on ne pleure pas ainsi pour rien.

En parlant ainsi, le comte retient Paméla,

qui veut s'éloigner : malgré l'obscurité, il cherche à voir l'émotion de son visage.

Mais M. de Lugano était mal venu à tenter un pareil examen ; il n'y a pas un instant que Paméla, dans sa douleur, le considérait comme un tyran qui voulait l'unir à un homme qu'elle détestait, et il vient pousser cette tyrannie jusqu'à inspecter sa douleur et à lui en demander compte. La jeune fille s'en indigne, toute sa colère éclate, et elle s'écrie :

— Eh ! mon Dieu, monsieur, n'ai-je pas le droit de pleurer ? je fais tout ce qu'il vous plait, ce me semble. Dans ce château solitaire où vous m'avez enfermée comme une prisonnière, où je ne vois personne, où tout le monde me laisse seule, je vis comme vous voulez que je vive, je ne me plains pas, je ne dis rien ; mais je puis pleurer, je suppose, je ne demande que la liberté de mes larmes : ce n'est pas trop d'exigences, je crois.

Le comte de Lugano la laissa parler sans l'interrompre, et le soupçon qu'il avait eu devint une certitude, il se dit que Brutus avait instruit Paméla de la trahison d'Hector, et il jugea très naturel que le dépit d'une femme s'exprimât avec cette vivacité. Du reste, ce dépit lui plut par sa véhémence et sa douleur, il crut y voir la preuve d'un véritable amour pour Hector, amour irrité, mais qui pardonnerait bientôt.

Dans cette pensée, et pour commencer cette

réconciliation par une flatterie, il lui dit doucement :

— Allons, Paméla, je devine ce qui vous afflige, mais vous avez trop de supériorité d'esprit et de cœur pour croire aux propos d'un imbécile, et considérer une étourderie de jeune homme comme une affaire sérieuse.

— Je ne sais ce que vous voulez dire, monsieur, lui répliqua Paméla avec fierté, quand vous parlez des propos d'un imbécile.

— Ce que vous a rapporté ce sot de Brutus, fit le comte en patelinant sa phrase.

— Monsieur Brutus, repartit Paméla en faisant sonner le *monsieur*, ne m'a rien rapporté dont je ne fusse instruite.

— Quoi! lui dit M. de Lugano, vous saviez...

— Oui, monsieur, je savais ce que vous appelez une étourderie de jeune homme, et je vous avoue qu'il m'est fort indifférent que ce soit une étourderie ou une affaire sérieuse, attendu que je n'ai aucun intérêt à juger les actions de M. votre fils.

M. de Lugano sourit, et repartit avec la voix badine d'un homme qui est indulgent pour toutes ces petites simagrées de cœur :

— Allons, Paméla, ne soyez pas si méchante ; une jeune fille s'occupe toujours de celui qui doit être son mari.

— Lui, mon mari! dit Paméla avec colère.

— Ah! fit le comte en riant, vous voilà si

furieuse que vous allez me dire que vous n'en voulez pas.

Si M. de Lugano s'était arrêté là, il eût fort embarrassé Paméla, qui n'eût plus osé exprimer ce refus deviné d'avance comme une révolte d'enfant en colère ; mais il ajouta :

— Comment avez-vous pu, vous, Paméla, écouter les dénonciations d'un pareil misérable ?

— Ah ! monsieur, s'écria Paméla prise d'une vive et sincère indignation, vous allez trop loin ; que vous trouviez M. Brutus un sot et un imbécile, cela se peut, quoiqu'il y ait peut-être des gens qui méritent mieux que lui cette épithète, mais que vous l'appeliez un misérable, rien ne vous en donne le droit.

— Paméla, reprit le comte avec sévérité, vous oubliez à qui vous parlez !

— Je parle à mon tuteur, dit sèchement Paméla, je parle à mon oncle, qui a dit lui-même que M. Brutus était un honnête homme.

— Ah ! il y a honneur et honneur, répondit dédaigneusement M. de Lugano, je ne prétends pas dire qu'il ait volé, mais il sait peut-être le profit qu'on peut tirer d'un scandale habilement mené, et je devine où il veut en arriver.

— A quoi donc ?

— A me faire payer à prix d'or l'imprudence de ce fou d'Hector en excitant des désunions dans ma maison.

A cette parole de M. de Lugano, toute la

colère tumultueuse de la jeune fille sembla se
résoudre en une indignation froide, mais forte.

— Ce que je puis vous dire, monsieur, répliqua-t-elle alors avec dignité, c'est qu'il n'a
participé en rien à la résolution inébranlable
que je prends ici de n'être jamais la femme de
votre fils.

— Et pourquoi cela? dit le comte avec un
dédain mêlé de colère.

— Parce que...

Elle s'arrêta.

— Eh bien! parce que?

— Parce que... répéta-t-elle; mais elle s'arrêta encore.

Les raisons ne lui manquaient pas, mais
elles étaient difficiles à dire à cause même de
leur excellence, et Paméla se borna à redire :

— Parce que je ne veux pas.

— Très bien! très bien! dit M. de Lugano
en riant et en reprenant son air paternel.

— Je vous jure que je ne veux pas.

— Bien! bien! reprit-il encore du même ton,
rentrez chez vous, nous parlerons de cela plus
tard.

Il embrassa Paméla sur le front, et il s'é-
loigna en pensant qu'il fallait laisser passer
cet orage de colère féminine, et en maudissant
la sottise de son fils qui lui avait suscité ces
embarras et ces ennuis.

Il n'avait pas fait dix pas que Paméla se
reprochait déjà sa lâcheté et se disait dans son
cœur :

— Ah ! j'aurais dû lui dire pourquoi je ne veux pas ; j'aurais dû lui dire que c'est parce que celui qu'il appelle un sot et un misérable me semble à moi avoir plus d'esprit et de cœur que celui qu'il appelle un étourdi. Un sot et un misérable, répétait-elle comme si ces deux mots l'avaient blessée profondément, ah ! je sais bien lequel des deux mérite ces noms, c'est...

Elle entendit la voix d'Hector qui l'appelait dans le parc.

— Ah ! le voilà ! s'écria-t-elle tout haut en s'enfuyant et en prenant de longs détours pour rentrer au château sans rencontrer Hector et pouvoir s'enfermer chez elle.

D'après ce que nous venons de raconter, il nous semble que si la partie du pauvre Brutus n'était pas entièrement gagnée dans le cœur de Paméla, celle du grand Hector y était entièrement perdue.

Et cependant, peut-être, sans des circonstances qui ne dépendaient point de la volonté de ces deux jeunes gens, tout cela eût-il été comme le prévoyait M. de Lugano. Cette colère eût cédé au temps et aux remontrances, le mariage fût venu, Paméla eût rêvé six mois à Brutus après avoir épousé Hector ; et peut-être, au bout de quarante ans, quand elle eût été vieille et grand'mère, elle eût raconté en souriant à sa petite-fille qu'en sortant du pensionnat elle avait failli s'amouracher d'un pau-

vre maître d'école, tant elle était folle et roma-
nesque.

Mais Dieu ne voulut pas que cette âme naïve
finît, comme tant d'autres, par professer un
jour les banales doctrines de la convenance
pour se mentir elle-même et traiter de fausse
exaltation la seule émotion vraie qu'elle eût
éprouvée.

Car c'est en cela que les passions factices du
monde sont détestables : c'est qu'après avoir
dépravé tous les sentiments naturels de l'âme,
elles vont jusqu'à dégrader le souvenir qui
nous en reste.

Cependant, comme nous l'avons dit, M. de
Lugano s'était éloigné, et il n'était point sorti
du parc qu'il ne pensait déjà plus à la colère
de Paméla.

En premier lieu, comme tous les hommes
qui savent la vie, il dédaignait ces petits obstacles qui ne coûtent à vaincre qu'un cœur
à désoler ; d'une autre part, il avait précisé-
ment au sujet de Brutus des préoccupations
d'un caractère bien plus grave et qui devaient
faire taire les autres.

Toutefois une chose assez étrange se passait dans l'esprit de M. de Lugano: cet homme
qui, en présence de circonstances d'une haute
gravité et d'une effrayante responsabilité, avait
toujours montré une grande rapidité de résolution et une inconcevable fermeté à accom-
plir ce qu'il avait résolu, s'en allait incertain
et épouvanté de ce qu'il devait faire.

Quand il arriva à la cabane de Brutus,
celui-ci venait de rentrer, il était monté dans
sa mansarde pour prendre les papiers de
M. de Lugano, de façon que celui-ci fut introduit par Rosalie qui le conduisit dans sa
chambre.

— Ma mère, dit la jeune fille en entrant,
voici M. le comte de Lugano, c'est ce bon
seigneur chez qui travaille mon frère Brutus,
il vient pour lui parler, vous allez rentrer
dans votre chambre.

La folle, qui était assise dans un coin, les
coudes appuyés sur une table et la tête dans
ses mains, répondit sans se déranger :

— C'est bon, je le connais, le comte de Lugano, c'est un homme généreux, il m'a donné
à manger ce matin.

— Vous vous souvenez de cela ? lui dit le
comte en s'approchant d'elle pour voir l'effet
que lui produirait le son de sa voix.

La mère de Brutus releva la tête, regarda le
comte et lui répondit avec un petit signe d'intelligence joyeuse :

— Oui, je me souviens, je me souviens ..

Elle reprit sa posture, comme quelqu'un qui
ne veut plus être interrompu.

Cependant Rosalie insista pour la faire sortir, et M. de Lugano la pria de la laisser
tranquille et se mit à considérer Rosalie, qui
paraissait bien moins embarrassée qu'il ne
l'était lui-même de cette rencontre. En tout
cas il répugnait à un homme, en qui l'habi-

tude du monde inspirait des ménagements de
politesse vis-à-vis d'une femme, quelle qu'elle
fût, d'engager devant elle une discussion où
elle devait être en cause.

Il lui dit alors :

— Mademoiselle, M. votre frère n'est-il pas
ici ? c'est à lui que je voudrais parler.

— Pardon, monsieur le comte, lui répondit
Rosalie, il est dans sa chambre où il met en
ordre les papiers qui vous appartiennent ;
mais, comme je suis la plus intéressée à l'entretien que vous allez avoir avec lui, je vous
demanderai la permission d'y assister.

Cette proposition, et le ton décidé dont elle
fut faite, sembla lever le scrupule de M. de
Lugano, et il dit à Rosalie avec beaucoup de
cette hauteur qu'il jouait à merveille comme
tous les sentiments :

— Comme il vous plaira, mademoiselle.
D'ailleurs, M. votre frère vous a, je pense,
fait part de mes intentions, il ne s'agit plus
que de savoir si vous les acceptez ou non.

— Monsieur le comte, lui dit Rosalie, mon
frère est un pauvre garçon à qui l'on peut
dire tout sans qu'il s'en offense et sans qu'il le
comprenne, c'est pour cela que j'ai voulu savoir si vous oseriez me les dire à moi-même.

M. de Lugano se retourna comme si quelqu'un de ses gens lui eût dit une imperti-
nence, mais le regard de mépris dont il comp-
tait confondre l'audace de cette créature s'ar-

rêta devant l'assurance du regard de Rosalie.

Cependant, il reprit vivement :

— Si j'oserai vous répéter mes propositions ? Mais vous osez bien rester devant moi, vous qui avez porté le désordre dans ma famille et compromis mon fils.

— Je ne vous comprends pas, monsieur, repartit Rosalie. Quel désordre ai-je porté dans votre famille, et en quoi ai-je compromis votre fils ?

— Mais ne l'avez-vous pas attiré chez vous, n'avez-vous pas excité en lui une passion ridicule, et qui peut arriver jusqu'à la rupture d'un mariage arrêté depuis longtemps ?

— Je vous comprends encore moins, dit Rosalie, vous m'accusez d'avoir attiré votre fils chez moi, veuillez me dire par quels moyens j'y serais arrivée, si M. Hector ne s'était pas présenté de lui-même dans cette maison ? Vous dites que j'ai excité en lui un amour ridicule : il peut y avoir du ridicule à m'aimer, mais vous trouverez bien naturel que je ne l'aie pas deviné. J'ai rompu un mariage arrêté longtemps d'avance; de qui pouvais-je savoir vos projets, si ce n'est de votre fils ? et probablement ils n'étaient pas aussi arrêtés dans son esprit que dans le vôtre, car il ne m'en a pas fait part, et rien au monde ne devait me faire croire qu'il eût de pareils engagements lorsqu'il me parlait sans cesse, à moi, de mariage.

— Ce n'est pas possible ! s'écria M. de Lugano.

— Si vous doutiez de ce que je dis, les lettres qu'il m'a écrites tous les jours vous en fourniraient la preuve.

— L'imbécile! s'écria M. de Lugano, emporté par la colère que lui causait cette découverte.

Peut-être, si Rosalie avait obéi à sa conviction comme M. de Lugano, elle eût reconnu que l'épithète était juste ; mais le rôle qu'elle s'était tracé d'avance était trop supérieurement compris pour qu'elle ne s'indignât pas de cette exclamation, et elle repartit fièrement :

— Et à quel titre vous imaginez-vous donc, monsieur, que j'aie reçu les visites de M. votre fils ?

M. de Lugano haussa les épaules et repartit :

— Mais enfin, mademoiselle, vous n'étiez pas assez folle pour croire qu'un homme de sa fortune et de son rang pût épouser une personne comme vous.

— Je pouvais bien le croire, lorsqu'il le croyait, lui, dit Rosalie.

— Eh! mon Dieu, fit M. de Lugano, il n'y a jamais pensé.

— Il me mentait donc, monsieur, dit Rosalie, lorsqu'il me le jurait et me l'écrivait ?

— Vous n'en auriez jamais dû douter, dit le comte, si vous aviez bien voulu vous rappeler la distance qui vous sépare.

— C'est lui qui l'a oubliée, monsieur, et s'il

veut bien vous montrer les lettres que je lui ai
répondues, vous verrez combien de fois j'ai es-
sayé vainement de la lui rappeler.

M. de Lugano s'était attendu à des cris, à
des larmes, à des menaces de scandale et de
suicide, et il s'était armé contre tout cela;
mais dans une pareille affaire il ne prévoyait
pas une discussion si posée et dans laquelle
jusque-là il n'avait pas l'avantage : aussi vou-
lut-il en sortir, et pour cela il dit subitement à
Rosalie :

— Mais enfin, mademoiselle quelles sont vos
intentions?

Rosalie fut assez embarrassée; car, ainsi
qu'elle l'avait dit à Brutus, ce n'était pas pour
peu qu'elle voulait avoir été séduite; il fallait
donc dire ce qu'elle avait évalué son malheur, et
cela n'était pas aisé dans la position hautaine
qu'elle avait prise vis-à-vis de M. de Lugano;
mais le génie de Rosalie vint à son aide, et
elle repartit sans se déconcerter :

— Je n'ai pas de prétentions, monsieur, j'ai
des droits, et c'est à vous que je m'adresse
pour les reconnaître.

— Des droits? dit le comte; je ne vous en
reconnais aucun, si ce n'est à ma commisération pour votre erreur, si elle a jamais été de
bonne foi.

— A votre commisération! s'écria Rosalie,
qui cette fois parla selon son âme, tant ce
mot la blessa dans son insolence, à votre com-

misération! Si j'avais parlé à un homme d'honneur, il eût dit à sa justice.

— Est-ce pour m'insulter, dit le comte, qu'on m'a fait venir ici?

— Si vous y êtes, répliqua Rosalie, c'est de votre volonté, comme votre fils; si quelqu'un y est insulté, c'est moi qui le suis par vous comme je l'ai été par votre fils.

— Je me retire, dit le comte, je croyais que vous voudriez me comprendre, mais puisqu'il n'en est rien, je n'ai plus rien à vous dire.

En ce moment Brutus était rentré, il entendit la phrase du comte, et jetant devant sa mère les papiers qu'il tenait, il dit à M. de Lugano :

— Mais vous avez quelque chose à me dire à moi, monsieur, du moins vous me l'avez annoncé, et je suis prêt à vous entendre.

M. de Lugano se trouvant seul dans cette maison à une heure aussi avancée de la nuit, se sentit pris d'une espèce d'effroi, il lui sembla qu'il était tombé dans un piège où il laisserait plus qu'il ne voulait de sa fortune et de sa considération, et il répondit :

— Il sera temps demain.

— Non! s'écria la folle qui se leva tout à coup comme éveillée par cette phrase, pas demain! qu'il te donne la grâce tout de suite, jamais demain! jamais.

En disant cela, elle alla se placer devant la porte comme pour barrer le passage à M. de Lugano.

Le comte tressaillit, et une pâleur livide se répandit sur son visage.

Brutus prit doucement sa mère par le bras et la fit se rasseoir sur la table, alors, comme un enfant qui change d'idées à chaque instant, elle se mit à regarder curieusement les papiers posés devant elle.

— Ma mère a raison, dit Brutus, car demain c'est à votre fils que je demanderai l'explication que vous êtes venu pour me donner.

— Vous? dit le comte en regardant Brutus d'un air stupéfait, tandis que Rosalie considérait son frère avec non moins de surprise, vous? répéta-t-il.

Sans doute Brutus se trompa sur le sentiment qui avait fait faire à M. de Lugano cette vive exclamation, car il lui répliqua :

— Moi! monsieur, car le frère qui demande compte de l'honneur de sa sœur est l'égal, je suppose, du miserable qui a tenté de la séduire.

— Vous? répéta encore le vieillard.

— Et si le comte de Lugano l'oubliait, dit Brutus impérieusement et dominé par la pensée que ce *vous* était un cri de dédain, je lui rappellerais l'opinion qu'avait jadis de l'égalité des hommes le citoyen B...

A ce nom, la folle se leva encore et cria, tandis que son regard égaré parcourait la chambre :

— Ah! oui.. ah! ah! oui... le citoyen B... oui... la guillotine... oui... oui... B... le bourreau... la guillotine... Je me souviens... *Ah¡ ça ira... ça ira...*

Ce chant, commencé avec éclat, s'éteignit dans une espèce de murmure sourd, et elle retomba sur sa chaise, tandis que M. de Lugano demeurait immobile et que Brutus se remettait en mémoire l'étrange scène du matin et se demandait s'il n'avait pas à demander compte à M. de Lugano d'autre chose que de l'indignité de son fils, il considéra l'attitude épouvantée de cet homme, et ses soupçons devinrent plus assurés.

M. de Lugano, en s'arrachant à l'effroi qui l'avait saisi, rencontra son regard qui l'examinait avec une attention menaçante, et comme s'il eût deviné ce qui se passait dans le cœur de Brutus, il lui dit :

— Eh bien! oui, l'explication que vous voulez doit avoir lieu, mais elle n'est pas celle que vous attendez. Ce n'était pas pour vous parler de mon fils ni de votre sœur que j'étais venu, mais de vous et de votre mère.

— Vous la connaissez? lui dit Brutus.

— C'est à quoi je vous répondrai, répliqua le comte, quand vous m'aurez appris qui elle est et ce qui l'a réduite à ce misérable état.

Brutus commença alors le récit que nous avons fait au commencement de ces pages. Il dit comment une pauvre femme avait été trouvée mourante dans un fossé du chemin, avec une enfant qui était Rosalie, et comment elle

était accouchée, à l'hospice des fous, d'un autre enfant qui était lui-même.

Brutus avait fait ce récit en examinant sa
mère, comme pour voir s'il éveillerait en elle
quelque souvenir ; mais depuis qu'il avait commencé à parler, la folle avait paru ne plus
rien entendre, et elle s'était mise à parcourir
les papiers placés devant elle.

Brutus avait fini, et M. de Lugano dit curieusement :

— Et elle n'a gardé aucun souvenir de ce
qu'elle était autrefois ?

— Aucun, malheureusement, dit Brutus.

— Alors, dit froidement M. de Lugano qui
s'était remis peu à peu de son agitation, je me
suis trompé, je ne la connais pas.

A peine avait-il dit ce mot, que la folle
poussa un cri terrible, et frappant avec rage
du poing sur la table, elle répéta avec une
exaltation inouïe :

— C'est faux! c'est faux!

— Quoi donc? lui dit Brutus qui croyait
qu'elle répondait aux dernières paroles du
comte.

— Tout ce qui est écrit là est faux, s'écria-
t-elle... c'est un infâme imposteur qui l'a écrit...
c'est faux!

— Mais, dit Brutus, ce sont les mémoires
de M. le comte de Lugano.

— Ce n'est pas vrai! c'est l'histoire de l'infâme B... Je le connais, moi, l'assassin, l'in-

fâme, le bourreau, je le connais ! Tiens, écoute,
tu vas voir...

Elle prit le manuscrit et lut ce qui suit avec
une colère furieuse.

## XI

C'était un feuillet du travail dicté par le comte de Lugano à Brutus, et que celui-ci avait emporté chez lui quelques jours avant pour le mettre au net.

La folle le lut à haute voix, non pas avec la suite que nous allons mettre à le rapporter, mais avec des exclamations, des trépignements, des cris d'indignation que l'on comprendra bien plus aisément quand on aura lu le récit et appris les souvenirs qu'il rappelait à la malheureuse mère de Brutus.

« Le lendemain de cette lettre horrible, écrite par Couthon à la Convention nationale, et dans laquelle il disait que le seul moyen qu'on eût employé pour régénérer Lyon, c'était la destruction totale, il m'arriva une aventure bien cruelle et sur laquelle je désire donner ici quelques éclaircissements, attendu que dans le temps on a fait courir à ce sujet des bruits auxquels il est de mon honneur de donner le démenti le plus formel.

« C'était le matin du 21 octobre.

« Ravel, mon secrétaire, entra dans ma chambre, que je n'étais pas encore levé, il m'annonça qu'une jeune femme demandait à me voir, et que l'insistance qu'elle mettait dans sa prière était si vive qu'il ne s'était pas senti le courage de la refuser. A cela Ravel ajouta que cette femme était fort belle, et je compris alors d'où lui venait sa pitié.

« Ravel, qui m'avait été pour ainsi dire imposé par le club des Jacobins, et qui remplissait près de moi plutôt les fonctions d'un espion dirigeant que celui d'un secrétaire dévoué, Ravel, dis-je, modèle de cruauté et d'exaltation, était complètement soumis à l'empire que les femmes exerçaient sur son cœur et sur ses sens.

« Je ne m'étonnai donc pas de l'intérêt qu'il prenait à cette femme, et pour la soustraire aux propositions infâmes qu'il était capable de lui avoir faites, je me hâtai de m'habiller et de la recevoir. Elle entra. Ravel ne m'avait pas trompé : cette femme était d'une grande beauté ; il me sembla voir la Vénus éplorée se présenter à mes yeux.

« Ravel, qui l'avait introduite, ne quittait point le cabinet où je l'avais reçue ; je lui dis de se retirer, mais presque aussitôt, à l'air menaçant avec lequel il m'obéit, je devinai que je venais d'éveiller en lui un sentiment de haine contre cette femme et de défiance contre moi.

« A peine fûmes-nous seuls que cette femme

se précipita à mes pieds en me demandant la
grâce de son mari, qui depuis la prise de la
ville était détenu dans les prisons.

« La douleur de cette épouse infortunée
était si grande, sa tête si exaltée, qu'oubliant
toute mesure vis-à-vis d'elle-même, et, je puis
dire aussi, vis-à-vis de moi, elle alla jusqu'à
m'offrir ses faveurs pour prix de cette grâce
qu'elle demandait avec des larmes et des cris
déchirants. J'excusai son erreur et je rejetai
ses offres avec pitié.

« Cependant, ce désespoir, si vrai, m'avait
attendri ; je cherchai le moyen de sauver cette
malheureuse. Cela ne me semblait pas difficile,
et voici pourquoi :

« Dans les premiers jours de la prise de
Lyon, on avait arrêté tout ce qui paraissait
suspect. Et je dois l'avouer, à ce moment, il
fallait bien peu de chose pour mériter ce titre
de suspect.

« En effet, un des bataillons qui défendaient
cette ville contre l'armée républicaine avait
adopté, durant les chaleurs du mois d'août
qui furent excessives, l'usage des pantalons de
nankin, ce qui l'avait fait nommer par les sol-
dats de l'armée révolutionnaire, *royal-nankin* ;
il en résulta que lors de la prise de la ville
tous les individus qui furent trouvés vêtus de
pantalons de cette étoffe furent provisoirement
arrêtés.

« Cette mesure avait non seulement encom-
bré les prisons existantes, mais avait forcé

l antorité d'en créer de nouvelles, et les églises étaient remplies de prisonniers. En raison de cet encombrement, la surveillance était difficile, et même on peut dire qu'il n'y en avait point. On n'avait même pu, dans les premiers moments, dresser de liste nominative des détenus, et on les avait pour ainsi dire remis en compte aux officiers des troupes qui étaient chargées de les garder.

« On leur donnait deux ou trois cents prisonniers, et ils devaient représenter deux ou trois cents prisonniers, sans qu'ils fussent responsables de tel individu plutôt que de tel autre.

« Il était arrivé que, de cette façon, des hommes notoirement compromis s'étaient évadés en se faisant remplacer par de pauvres gens qui n'avaient qu'à se nommer plus tard pour être relâchés.

« Les officiers de l'armée, à qui le rôle de geôlier déplaisait en général, étaient très faciles sur ce genre de substitution ; ainsi, quand ils avaient laissé entrer dix hommes avec des permis dans la prison qui leur était confiée, ils laissaient sortir dix hommes sans vérifier si ceux qui sortaient étaient les mêmes que ceux qui étaient entrés. Cette ruse avait sauvé beaucoup de proscrits dans le commencement de l'occupation de la ville, mais on commençait à y mettre ordre.

« Toutefois elle était encore praticable pour un détenu obscur comme devait être, selon ce

que je pensais, le mari de la femme qui m'im-
plorait, et je lui proposai de s'en servir : elle
accepta avec la plus vive reconnaissance; mais
je crus m'apercevoir que je m'étais mépris sur
le rang de cette femme, quand elle me répondit :

« — Il nous reste plus d'un serviteur dévoué
qui ne craindra pas d'exposer sa vie pour sauver celle de son maître.

« Cette phrase me donna à penser qu'il s'a-
gissait de quelque prisonnier plus important
que je ne croyais, mais je ne voulus pas rétracter ma parole.

« Je lui donnai un laisser-passer pour un
nommé Jacques Priot, afin d'entrer dans la
cathédrale pour y voir un certain Philippe
Romel, son débiteur. Ces noms étaient sup-
posés et ne pouvaient plus tard compromettre
personne, si la substitution devait s'accom-
plir.

« Seulement, attendu le soupçon secret que
j'avais conçu qu'il s'agissait de sauver un
homme important, je recommandai très expres-
sément à sa femme de ne se présenter à la
prison que le lendemain de très grand matin,
et de façon à ce que tout fût accompli avant
que les nombreux espions qui rôdaient toujours autour des prisons ne pussent faire obstacle au succès de notre ruse en reconnaissant
le prisonnier.

« Elle me remercia de la manière la plus
touchante, mais dans son effusion, la malheu-

reuse laissa échapper un mot qui devait la
perdre.

« — Homme généreux, me dit-elle, il faut
que vous sachiez quel service vous avez rendu
à une noble famille. Si mon mari avait été
reconnu, rien au monde n'aurait pu le sauver.

« Par un pressentiment remarquable de ce
qu'une pareille confidence pouvait avoir de
fatal, je la congédiai sans vouloir en entendre
davantage, mais elle insista en me disant :

« — Adieu donc, monsieur, mais comptez
sur l'éternelle reconnaissance de la marquise
de Favières, et veuillez en recevoir ce gage.

« Je l'avoue, ce nom me surprit, nous sa-
vions que M. de Favières était dans la ville,
on l'avait fait chercher partout sans le trouver et sans se douter qu'il était en notre pouvoir.

« Je dois le dire : si j'avais connu ce nom
plus tôt, j'aurais hésité à sauver le marquis
par le moyen que je venais d'employer, mais,
encore une fois, je ne voulus pas rétracter ce
que j'avais moi-même offert, et je poussai la
marquise dehors en lui disant :

« — Je ne sais rien, madame, je n'ai rien entendu.

« En ouvrant la porte, j'aperçus dans le salon qui précédait mon cabinet, l'atroce figure
de Ravel.

« Il entra, et ce fut seulement alors que je
remarquai sur ma table un portrait entouré
de diamants d'une grande valeur, que la mar-

quise y avait laissé. Je le cachai, supposant
que Ravel n'avait pas eu le temps de l'apercevoir, mais il l'avait non seulement vu, mais
encore il avait entendu le nom de la marquise.
Cependant, il n'en témoigna rien. Seulement,
une heure après, il était chez Couthon, où il
me dénonçait comme traître à la patrie.

« Couthon ne fit point d'éclat, pour rendre
sa vengeance plus sûre.

« Le lendemain, des agents apostés dans
l'intérieur de la prison suivirent l'homme qui
se présenta avec mon laissef-passer, et dès
qu'il se fut approché du prisonnier qu'il cherchait, ils s'emparèrent à la fois du marquis de
Favières et du brave domestique qui s'était
dévoué pour lui:

« Tous deux furent conduits devant le tri-
bunal révolutionnaire qui siégeait en plein air
sur la place Bellecour ; tous deux y furent con-
damnés à mort, et conduits sur l'heure au lieu
de l'exécution, où leur tête tomba.

« Ce ne fut que beaucoup plus tard que j'appris que la marquise, qui depuis le matin attendait son mari à un endroit convenu, le vit
passer pour aller au supplice. Il paraît qu'elle
le suivit, et qu'à l'aspect de la mort terrible
qu'il subit, sa raison, déjà affaiblie par le désespoir, se perdit tout à fait ; elle s'enfuit en
emportant dans ses bras sa fille, et alla, dit-on,
se précipiter dans le Rhône, où elle périt avec
son enfant.

« Voilà les faits de cette aventure dans toute

leur vérité. Et cependant ils ont servi de base
à deux calomnies bien contradictoires.

« Couthon s'en arma pour demander ma
mise en jugement à la Convention nationale,
comme traître à la liberté, et ayant reçu de
l'argent pour faire évader des prisonniers;
et, d'un autre côté, on osa dire qu'après avoir
abusé de la faiblesse et de la douleur de la
marquise, c'est moi-même qui avais dénoncé
son mari à la justice révolutionnaire... »

Comme nous l'avons dit, la folle n'avait pas
lu toute cette relation sans l'interrompre par
des cris furieux et des imprécations mena-
çantes, mais elle avait cependant été jusqu'au
bout sans expliquer l'intérêt direct qu'elle y
pouvait prendre. Ce ne fut que lorsqu'elle fut
arrivée aux dernières phrases que son visage
prit une sauvage expression de triomphe, puis
elle s'arrêta, et regardant autour d'elle avec
un égarement qui n'était déjà plus de la folie
et qui semblait être du desespoir, elle dit d'une
voix sourde :

— Une calomnie! il a dit que c'était une calomnie... le bourreau...

— Ma mère, dit Brutus d'une voix également
sombre et en s'approchant d'elle, ma mère,
était-ce donc la vérité?

— Qui a écrit cela? dit-elle brusquement.

— C'est moi, dit Brutus, mais voilà l'homme
qui me l'a dicté.

La mère de Brutus s'approcha de M. de Lugano; mais soit que, dans le chaos de souve-

nirs qui s'éveillaient en elle, l'image de cet
homme ne fût pas encore débarrassée de toutes
les ombres qui la couvraient, elle le regarda
sans avoir l'air de le reconnaître, et répondit
aussitôt :

— Il a menti comme lui! il a menti!

Alors elle se mit à se promener la tête
basse et comme quelqu'un qui cherche au hasard un objet qui est à terre; un murmure
sourd et confus sortait de sa poitrine; il y
avait dans cette intelligence un horrible com-
bat entre la raison et la folie, entre le souve.
nir et l'oubli.

Le comte de Lugano, retiré dans un coin,
se taisait, ne sachant comment s'échapper de
cette fatale chambre; sa présence d'esprit, son
courage, tout lui manquait; cependant il voulut fuir encore, et il s'approcha de Brutus en
lui disant :

— Venez demain chez moi, tout s'expliquera
sans doute.

— Demain! répéta la pauvre femme en délire,
encore demain! Non, tout de suite, tout de
suite.

En disant cela elle saisit Brutus par le bras,
et le poussant jusqu'à la table, elle lui cria :

— Eh bien, toi, puisque tu as écrit le mensonge, écris la vérité.

— Ma mère... dit Brutus qu'alarmait l'exaltation inouïe de la malheureuse.

— Ecris! écris! écris! lui dit-elle avec rage.

Brutus fit semblant d'obéir, et alors elle se

mit à faire le récit suivant, qu'ils écoutèrent tous dans un silence plein d'anxiété :

— Oui, c'est vrai, la marquise de Favières était belle et jeune... elle était heureuse, elle était aimée... Henri, ô mon bon et noble Henri, que j'aimais comme Dieu, que j'honorais comme lui... Il le voulut, j'obéis; quand il s'enferma dans Lyon, il me força de quitter la ville avec mon enfant, ma Louise, mon unique enfant.. le seul gage de notre amour.

Je m'en allai à Vienne, et je l'attendis... Tout le temps que dura le siège, Georges, mon vieux serviteur, Georges parvint à entrer dans la ville et à en sortir pour me donner de ses nouvelles. Mais quand Lyon fut pris... plus de nouvelles de Henri; il fallait mourir ou le retrouver... Je me déguisai en paysanne, et je partis avec Georges et ma fille...

J'arrivai, et au bout de quelques jours Georges apprit, d'un détenu qui avait été relâché, que le marquis de Favières était à la cathédrale, mais que personne de ceux qui l'avaient reconnu n'avait eu la lâcheté de révéler son nom aux assassins de la ville.

C'est alors que j'espérai le sauver.

On m'avait informée qu'un des représentants du peuple faisait commerce de la vie des prisonniers, et que je pourrais lui acheter la vie de mon mari.

— De votre mari ? s'écria Rosalie.

— Oui, lui dit sa mère, est-ce que je ne suis pas la marquise de Favières encore? Elle regarda autour d'elle avec fierté et ajouta : Qui en doute ici ?

— Vous, ma mère, répéta Rosalie avec un accent de joie, la marquise de Favières !

— Oui, moi, répondit l'infortunée en reprenant son air hagard, comme si cette interruption lui eût fait perdre le fil de ses souvenirs, oui, moi, et j'avais une fille, une enfant que j'aimais, ils me l'ont tuée aussi. Mais c'est égal, je disais la vérité, et on le tuera aussi, le misérable ! on le tuera et sa fille aussi !

La folie revenait.

Brutus, dont l'anxiété devenait horrible de moment en moment, dit à sa sœur :

— Silence ! laisse-la parler... Oh ! répéta-t-il en faisant à M. de Lugano un signe impératif pour le faire rester à la place qu'il voulait quitter... qu'elle parle !... il faut qu'elle parle et que tout le monde l'écoute !

— Mais écrivez donc, monsieur ! lui dit sa mère avec rudesse.

Brutus prit une plume, et la marquise continua :

— Oui, je voulais le sauver, je le voulus. On m'avait dit que celui qui vendait ainsi la tête de ses victimes au détriment du bourreau, s'appelait B...

— Ce n'est pas vrai ! s'écria M. de Lugano en se soulevant avec terreur, ce n'est pas vrai !

— Ah ! taisez-vous ! lui dit Brutus en s'élançant vers lui et en le rejetant sur sa chaise, tremblant et anéanti.

Mais la malheureuse marquise ne parut pas s'irriter autant que Brutus de cette dénégation.

— Vous avez raison, monsieur, dit-elle sans se tourner, ce n'était pas vrai, car je lui en offris de l'or, à cet homme, je lui en avais apporté mes poches pleines, mes bijoux, mes diamants, j'étalai tout à ses pieds... L'infâme! l'infâme ne regardait que moi, et il me disait :

— Ce ne sont point tes rich esses que je veux, belle Henriette, ce ne sont pas tes bijoux, tes diamants, c'est toi, et toi seule!...

M. de Lugano murmura sourdement :

— Elle est folle.

— Folle! dites-vous, s'écria la marquise avec éclat, folle!... Je l'ai été... oui, je l'ai été ce jour-là...

Savez-vous ce qu'il fit, le bourreau? le savez-vous?

Il demeurait sur la place de la Mairie, là où l'on tuait... Il ouvrit une croisée et m'y traîna... Il me força à voir trancher une tête, et le cannibale, penché à mon oreille, me dit : Voilà ce qui attend ton mari... Veux-tu?

A la première tête, je dis : Non ! Il m'en fit regarder une seconde... Je ne mourus pas d'horreur, et il me répéta : Veux-tu?... Je dis : Non! A la troisième, oui, à la troisième je devins folle et je dis : Oui.

Un cri d'horreur s'échappa de la poitrine de

Brutus et de Rosalie, un sourd gémissement
de désespoir de celle de M. de Lugano.

La marquise reprit en se posant fièrement :

— Je dis oui. Ah ! cela vous semble infâme
et lâche à vous autres qui n'avez pas vu tomber trois têtes sous le couteau, et chacune de
ces têtes me montrait les traits de Henri, elles
lui ressemblaient, elles me parlaient, elles me
criaient : Oui. Je n'ai fait que répéter ce
qu'elles me disaient. J'ai dit oui, pour leur
obéir, pour le sauver.

En parlant ainsi, une expression de désordre inouï et d'exaltation encore insensée
rayonnait dans le visage de la marquise, et
Brutus s'écria avec un accent terrible :

— Et pourtant il ne fut pas sauvé.

— Non, répondit sa mère. Vous pouvez laisser le reste, tout y est vrai, oui, il alla dé-
noncer lui-même sa victime.

— Non ! sur mon âme, non ! s'écria le comte
de Lugano hors de lui, ceci au moins n'est
pas vrai, vous devez le savoir, madame ; vous
devez vous rappeler Ravel... Vous l'avez vu,
il vous menaça.

— Je ne connais pas Ravel, dit la marquise
toujours marchant et piétinant au hasard. Je
connais B... qui m'a déshonorée, qui a tué
mon mari... Il l'a si bien tué, monsieur, dit-
elle en regardant le comte en face, que le sang
de Henri est tombé jusque sur mes mains et
sur la tête de mon enfant.

A ce moment elle s'arrêta, et saisissant le comte à la gorge, elle s'écria d'une voix forcenée :

— Bourreau ! qu'as-tu fait de ma fille ?

Elle venait de le reconnaître.

## XII

Enfin la malheureuse, qui pendant vingt ans avait vécu dans les ténèbres d'un complet oubli du passé, venait de rentrer dans ce domaine de la pensée perdu depuis si longtemps.

Mais de même que l'exilé, qui revient dans le pays où il a vécu autrefois, ne reconnaît pas tout d'un coup tous les sentiers accoutumés, de même la folle ne devait pas ressaisir ensemble tous ses souvenirs.

D'ailleurs, il y avait dans la position de cette Henriette de Favières, dont le nom et le titre s'étaient si étrangement révélés à ses enfants, il y avait une circonstance bien particulière, c'était la barrière qui séparait ses souvenirs de folie de ses souvenirs de raison. C'était cette disjonction des deux moitiés de sa vie auxquelles il manquait un point de suture pour les unir l'un à l'autre.

Ainsi elle voyait Rosalie à ses côtés, Rosalie était sa fille, elle la reconnaissait pour telle, mais ce n'était pas encore Louise qu'elle se rappelait avoir portée jusque sous l'échafaud de son père, et dont elle ne pouvait se faire d'idée que comme d'une enfant au berceau, parce que c'est en cet état que sa raison l'avait quittée, et c'est en cet état que sa raison devait la retrouver.

Voilà pourquoi, ayant sa fille à côté d'elle, elle demandait si furieusement à M. de Lugano ce qu'il avait fait de son enfant.

Le comte était si épouvanté qu'il ne put répondre, mais il s'arracha avec une telle violence à l'étreinte exaspérée de la marquise qu'elle faillit tomber.

A ce moment Brutus s'approcha de lui ; sa colère était d'autant plus effrayante qu'elle procédait par des mouvements plus lents. Il ne toucha pas le comte, mais il leva sur lui sa main de fer et lui dit d'un ton sombre :

— Enfin l'heure de la justice est venue pour vous aussi, et ce sera un compte terrible à rendre, je vous jure.

— Ah ! dit le comte amèrement, prenez garde ! prenez garde !

— Vous êtes en mon pouvoir, lui dit Brutus, et l'échafaud n'est plus à vos ordres.

Pendant ce temps, Rosalie avait reçu sa mère dans ses bras, et elle lui disait avec anxiété :

— Mais je vis, ma mère, je vis ; vous m'avez emportée dans vos bras, vous m'avez sauvée. C'est en fuyant cet affreux spectacle que vous

êtes venue, errante et folle, jusqu'aux environs de Grenob'e, c'est·là que vous êtes
tombée accablée de fatigue, et que nous fû-
mes recueillies par la pitié des passants, vous
devez vous le rappeler, ma mère...

Rosalie parlait toujours, mais déjà madame
de Favières ne l'écoutait plus; on eût dit qu'au
lieu de suivre la 'voie des idées où sa fille
voulait la ramener, elle se fût engagée dans
une autre où elle ne se reconnaissait pas ;
elle murmurait sourdement :

— C'était le 21 octobre.

— Oui, ma mère, c'était le 21 octobre.

La folle ne répondit pas, mais elle leva lentement la main et montra Brutus.

— Et lui? dit-elle.

— Moi, ma mère, s'écria Brutus en se jetant
à genoux devant elle, moi, je suis votre fils.

La marquise se leva, se recula de Brutus
avec effroi, et, se frappant le front avec épouvante, tandis qu'elle attachait des regards
fixes et curieux sur le jeune homme qui était
à ses pieds, elle s'écria :

— Mais je n'avais pas de fils, moi !

— Ma mère, reprit Brutus en cherchant à
la prendre dans ses bras.

— Mais je ne vous connais pas, monsieur !
lui dit-elle en s'échappant, je ne vous connais
pas.

Puis tout à coup elle revint à lui et, le considérant avec une expression désespérée, elle
lui dit :

— C'est vrai, c'est vrai, né le 25 juillet 1794.

— Oui, ma mère...

La marquise s'élança vers le comte de Lugano, et lui dit avec le même accent égaré :

— Et c'était le 21 octobre 1793 !

Rosalie ni son frère n'étaient capables, dans le trouble de leur esprit, de comprendre ce qu'il y avait d'effroyable dans le rapprochement de ces deux dates ; mais le comte de Lugano le comprit mieux, sans doute, car il répondit :

— Oui... et ce sera entre nous le gage du pardon et de l'oubli.

— Oh ! reprit Brutus en se relevant et en menaçant M. de Lugano, il n'y a ici, pour vous, ni oubli ni pardon, il n'y a que vengeance pour un bourreau, vengeance qui sera sanglante, je vous le jure.

— Oh ! c'est bien son fils, s'écria la marquise avec un éclat de joie farouche ; il insulte son père et menace de l'assassiner, il doit le reconnaître !

Si l'on veut suppléer par l'imagination à notre insuffisance à rendre une pareille scène, on comprendra peut-être de quelle stupéfaction dut être frappé le malheureux Brutus à cette extrême et funeste révélation.

Il portait un regard incertain et épouvanté du bourreau à la victime, de son père à sa mère, et ce père restait tremblant, anéanti, méprisable devant son fils, et cette mère se reculait avec horreur de son enfant.

Tant d'émotions diverses, tant de fatigues cruelles avaient frappé le malheureux Brutus dans cette journée, que la force athlétique de ce corps succomba sous ce dernier choc. Il sentit ses genoux ployer sous lui, et il s'affaissa sur la chaise que sa mère occupait un moment avant, ses mains s'appuyèrent au hasard sur la table sans pouvoir le soutenir, sa tête tomba sur ses mains, et déjà il avait perdu tout sentiment, que ceux qui l'entouraient le croyaient seulement abîmé dans sa douleur.

En ce moment on entendit un bruit très vif au dehors de la maison; bientôt on frappa violemment. Personne ne répondit.

Madame de Favières écoutait avec épouvante. Ces envahissements nocturnes du domicile devaient aussi être fatalement restés dans ses souvenirs.

M. de Lugano, qui ne craignait plus une violence matérielle à laquelle il n'eût pu se soustraire, tremblait cependant qu'un mot échappé à la marquise ne l'accusât devant de plus nombreux témoins.

Rosalie écoutait avec curiosité, et ce fut la première qui dit :

— C'est la voix d'Hector, c'est la voix de votre fils.

Mais on n'avait pas encore décidé qui irait lui ouvrir, que la porte de la maison fut forcée, et qu'Hector parut armé jusqu'aux dents et accompagné des valets de pied, cochers, jardiniers, cuisiniers et marmitons du château.

Il s'élança impétueusement dans la chambre le sabre au poing, en criant :

— Mon père... je viens vous délivrer !

Le comte de Lugano, en présence d'un danger qui pouvait se parer par la rapidité d'une résolution adroite, sembla se retrouver tout entier ; il se plaça devant Hector, et lui dit sèchement :

— Et de quel danger venez-vous donc me délivrer, monsieur ?

— Pardon, dit Hector, je savais que vous étiez dans cette maison ; et voyant que la nuit avançait sans que vous fussiez de retour, j'ai craint que...

— Sortez, dit le comte à tous ceux qui avaient accompagné Hector.

Tout le monde se retira, et le comte, prenant aussitôt la parole, dit d'une voix ferme et calme, comme si tout ce qui venait de se passer ne l'eût point ému :

— Oui, monsieur, j'étais venu dans cette maison pour y réparer le désordre que vous y avez apporté.

Hector se posa en victime, et M. de Lugano continua :

— Et j'ai reconnu qu'il n'y avait qu'une réparation digne de vous et de celle que vous avez voulu abuser. C'est à vous de mériter votre pardon de mademoiselle de Favières et d'obtenir sa main de la volonté de madame la marquise.

Deux exclamations bien différentes répon-

dirent ensemble à cette proposition soudaine;
ce fut un cri d'étonnement d'Hector, qui répéta :

— La marquise de Favières !

Ce fut un premier cri de refus de la mère de
Rosalie, qui dit :

— Jamais ! jamais !

M. de Lugano en avait assez dit pour ce
qu'il voulait obtenir. Il forçait Rosalie à une
explication et la mettait de son parti. Il entraîna Hector en lui disant à voix basse :

— Venez, je vous expliquerai ce mystère.

Et il glissa en sortant ces deux mots dans
l'oreille de Rosalie :

— C'est à vous de lui faire comprendre qu'il
en doit être ainsi. C'est votre honneur et le
mien qui sont engagés à son silence. Qu'elle se
taise, et mon fils vous donne son nom.

Aussitôt il sortit avec Hector, qui regardait
autour de lui d'un air hébété, ne comprenant
rien à ce qu'il avait entendu.

La raison de madame de Favières, bien que
ressuscitée si étrangement, ne pouvait recevoir
à la fois tant de pensées sans les confondre. En
effet, un moment après, elle reprenait ses va-
gues propos, et disait à sa fille.

— Toi ! la femme de ce monstre...

— Mais, ma mère, il parlait de son fils :

— Mais le voilà son fils, dit madame de Favières en montrant Brutus; pourquoi ne l'a-t-il
pas emmené ? Qu'il s'en aille...

Elle secoua Brutus qui resta dans son anéan-

tissement ; et Rosalie, craignant que son aspect ne ramenât un trop grand désordre dans
l'esprit encore faible de sa mère, l'emmena hors
de cette chambre pour l'enfermer dans la
sienne, et y remplir sans doute la mission que
lui avait donnée le comte de Lugano.

Brutus était demeuré seul ; deux fois en un
jour il avait perdu le sentiment de son être,
une première fois brisé dans son corps, sai-
gnant sous les blessures que lui avait faites la
rage des paysans ; une seconde fois déchiré
dans son cœur et frappé de coups plus cruels,
car ils laissent des plaies incurables après eux.

Mais, si le réveil du matin avait été si douloureux puisqu'il lui ramenait le souvenir du
déshonneur de sa sœur, celui qui allait suivre
cette cruelle scène devait être bien plus affreux
encore. Il arriva bientôt, comme si le sort se
reprochait les courts moments de relâche que
son anéantissement lui donnait.

Peu à peu Brutus reprit ses sens, il traîna un
moment sur la table sa tête pesante de faiblesse
et de douleur, puis il la releva tout à fait et
chercha à regarder autour de lui pour demander aux objets extérieurs de le guider dans les
souvenirs confus qui se croisaient dans son
cerveau. Il reconnut la chambre de sa sœur.

Pourquoi était-il dans cette chambre ?

Une fois ce point de départ trouvé, toute la
suite des événements qui venaient de s'y passer devait plus aisément se dérouler à son esprit.

Brutus referma les yeux pour mieux suivre
cette chaîne de pensées, et enfin il en arriva à
ce cri qui lui avait appris quel était son père.
Il douta un moment et voulut s'assurer de la
vérité, il voulut revoir ce père misérable tremblant devant lui, cette mère qui l'avait re-
poussé; il rouvrit les yeux et regarda : il se
trouva seul.

Brutus était trop accoutumé à la douleur
pour ne pas voir une preuve certaine dans ce
qui eût fait douter un autre. Tout était vrai,
puisqu'on l'avait laissé seul. Le coupable avait
fui l'enfant de son crime, la victime s'était
éloignée de l'enfant de son désespoir.

Brutus regarda bien longtemps dans cette
chambre, il tendit les bras autour de lui, il
semblait y appeler quelqu'un. A ce moment il
eût donné ce qui lui restait de vie à celui qui
l'eût appelé mon fils ou mon frère; mais il n'y
avait personne, et sa tête retomba sur sa poitrine.

C'est à ce moment que le regard de Brutus
rencontra le pauvre Coclès qui était entré par
la porte brisée, et qui attendait le réveil de
son maître. Dans un premier transport invo-
lontaire, le malheureux tendit la main à son
chien comme à un ami, et le bon animal la
lécha avec des transports de joie. C'est que Coclès était oublié depuis longtemps.

Bien que les idées de Brutus eussent acquis
une portée qui semblait exclure une applica-
tion infime des grands enseignements de la

vie, Brutus éprouva un véritable remords en revoyant son chien, et il se dit, en sentant des larmes lui venir aux yeux :

— Moi aussi j'ai oublié le seul être qui m'ait véritablement aimé ; il est juste que j'en sois puni.

Ce ne fut que la pensée d'un moment, car presque aussitôt il fut arraché à ces réflexions par la voix de Rosalie qui discutait vivement avec sa mère.

Brutus écouta, car il entendit son nom prononcé avec vivacité.

— Eh bien, répondit Rosalie, une fois que j'aurai épousé Hector, tout sera oublié, et quant à Brutus, le comte se chargera de lui ; il est assez riche pour lui faire un sort, il l'éloignera, et sa présence ne vous rappellera plus de funestes souvenirs.

Brutus se leva en s'écriant :

— Ah ! mon Dieu.

Le regard qu'il jeta au ciel en prononçant ce mot, l'accent de sa voix eussent suffi à faire comprendre tout ce qu'il exprimait de souffrance et de désespoir, et si quelqu'un de ceux qui l'avaient laissé là eût pu l'entendre, peut-être eût-il eu pitié de ce pauvre abandonné.

Mais rien ne répondit que le son de plus en plus animé de la voix de Rosalie, qui sans doute achevait de le chasser du cœur et de la présence de sa mère.

Il sortit pour ne pas en entendre davantage, il ne voulut pas avoir le droit de les haïr, c'était plus que son cœur n'en pouvait porter ; car la haine qu'on ressent est souvent plus pesante que celle qu'on inspire.

Lorsque Brutus fut sorti de la maison, il demeura à se promener longtemps dans le jardin ; il avait encore à souffrir beaucoup, il lui fallait se bien convaincre de toute la misère de sa position avant de penser à prendre un parti pour s'y arracher. Il fallait qu'il se répétât à satiété qu'il était la honte vivante de son père et la terreur de sa mère.

Enfin, quand il eut bien rassasié son cœur de cette conviction, il se trouva que la décision qu'il avait à prendre n'avait pas besoin d'être longtemps débattue.

— Allons, se dit-il, je vais m'en aller. Ils ne me verront plus.

Oh ! s'il lui avait fallu protéger sa mère contre le comte de Lugano, si puissant qu'il fût, Brutus fût demeuré, Brutus eût accepté la haine de l'une et la persécution de l'autre, si son dévouement eût pu servir même à des ingrats. Mais il en savait déjà assez pour être certain qu'il n'était qu'un obstacle, et il l'enlevait de leur chemin.

C'est une chose affreuse que l'exil, c'est un cruel moment que celui où l'on quitte son pays natal en laissant derrière soi sa famille, ses affections, ses habitudes.

Mais il y a dans la douleur qu'on éprouve des consolations qui fortifient le cœur.

Presque toujours la hauteur d'une telle in-
fortune la rend plus supportable, et puis il y
a là, à côté de vous, des gens qui vous disent
adieu, qui vous serrent les mains, qui pleurent
et qui en appellent à des jours meilleurs. Cependant ceux qui ont été exilés parlent de
l'heure du départ comme d'un instant affreux
et pour lequel il a fallu un grand courage.

Eh bien! suivons ce pauvre jeune homme
qui monte seul dans sa misérable mansarde;
le voilà qui prend une à une ses quatre che-
mises de toile grossière, quelques paires de
bas, quelques mouchoirs, tout ce qu'il possède. Il en fait un petit paquet, il l'attache et
le noue en pleurant, en pleurant encore il
prend un bâton et regarde s'il n'a rien emporté de trop.

Non, tout ce qu'il emporte est bien à lui, ces
deux livres aussi, cette flûte; on ne pourra
rien lui reprocher.

Qui le retient donc encore? C'est qu'il jette
un dernier coup d'œil dans cette misérable
chambre où il a eu faim et froid, et tel est son
désespoir, à ce dernier moment, qu'il se dit à
lui-même :

— Ici, j'étais heureux !

Alors il sort, il quitte cette chambre, il des-
cend en chantant cet escalier qui le menait
autrefois au repos. Mais il s'arrête encore
devant cette maison.

De l'autre côté de ce mur est sa mère, sa
sœur. Elles arrangent leur bonheur, leur ave-

nir, l'oubli et le pardon du passé, et dans tout cela il n'y a pas un mot pour lui, il le sait, il en est sûr, voilà pourquoi il s'éloigne si désespéré.

Et cependant il s'en va lentement. Est-ce qu'une voix ne le rappellera pas ? est-ce que rien ne viendra l'arrêter ? Rien, car le voilà au bout du verger, le voilà en face du château du Grand-Pin, et de ce côté c'est son père qui l'oublie aussi sans doute. Et cette nouvelle pensée le déchire encore, mais, en le déchirant, elle l'excite.

Il ne s'arrête pas, il marche, il court, il fuit, car il ne voudrait pas répondre à la voix qui l'appellerait si elle venait de ce château. Cette voix, ce ne pourrait être que celle de son père, ce ne serait point celle de Paméla.

Pauvre fou qui a fait un rêve impossible, tout ce qu'il avait entendu, tout ce qu'il avait deviné, tout ce bonheur dont il s'était inondé le cœur n'avait pas existé.

Dans cette défaite de toutes les affections de son âme, celle-là s'en allait comme les autres, et, n'osant l'accuser, il la niait.

— Non, se disait-il, en s'éloignant à grands pas, personne ne m'a jamais aimé, et jamais personne ne m'aimera.

A ce moment, le jour se levait à l'horizon, calme et magnifique, et Brutus fuyait d'autant plus vite qu'il ne voulait pas que quelqu'un pût le rencontrer et lui demander où il

allait. Une marque d'intérèt l'eût blessé autant qu'une dureté.

Il était dans un de ces moments où il ne
faut pas toucher au cœur de l'homme, tant il
souffre. Quand la blessure est encore sai-
gnante, le baume qui doit la guérir est douloureux comme le poison qui peut l'enve-
nimer.

Aussi, dès que Brutus vit le jour grandir, il
quitta la route, et s'enfonçant dans les che-
mins détournés, il gagna ces mêmes collines
où si peu de jours avant il avait été, le cœur
plein et joyeux, dire ces mélodies qui por-
taient son âme jusqu'à Paméla.

Quand il eut gagné le sommet ombragé de
celle où il avait l'habitude de venir rêver et
s'asseoir, il s'arrêta et s'assit.

Il faut maintenant le dire : notre Brutus
n'était pas un de ces héros fantastiques à qui
rien de la vie matérielle n'arrive.

Une heure après qu'il fut sur cette colline d'où
il voyait se dérouler à ses pieds le vallon où
étaient assis le château de son père et la misérable maison de sa mère, il se sentit pris
d'une fatigue insurmontable et d'un accablement auquel il ne pouvait résister.

Il est rare que dans l'extrème jeunesse les
chagrins les plus vifs mènent à l'insomnie.
Les pleurs font dormir l'enfance, et la jeunesse de Brutus était si près de cet âge qu'il
en avait encore les privilèges ; peu à peu il
céda à l'accablement qui s'emparait de lui, et

bientôt après il dormait sous un arbre, la tête
appuyée sur le petit paquet qu'il avait emporté.

Pendant qu'il souffrait ainsi, chacun arrangeait son bien-être dans les circonstances déplorables de cette nuit.

Dès le matin, et deux heures après le départ
de Brutus, M. de Lugano était retourné près
de Rosalie. Il avait bien jugé ce qu'elle était.

Aussitôt qu'elle le vit paraître, elle alla au-
devant de lui, et, le prenant à part, elle lui
apprit que sa mère n'avait pu supporter,
sans que sa santé en fût atteinte, la violente
révolution qui s'était opérée en elle. Madame
de Favières était couchée. Cependant Rosalie
n'avait pas perdu de temps, et elle confia à
M. de Lugano tout ce qu'elle avait fait d'efforts pour lui persuader que tout ce qui était
passé devait être oublié. Elle était sûre du
succès, disait-elle, et sa mère arriverait à consentir à une union qui serait pour M. de Lugano la garantie d'un silence éternel.

La conversation fut longue.

Toutes les bonnes raisons que ce vieillard
corrompu et que cette jeune fille éhontée pu-
rent trouver pour déterminer une pauvre
femme faible et misérable, furent débattues et
arrêtées. Ils s'engagèrent l'un l'autre au succès de leur complot.

M. de Lugano avait eu raison de compter
sur un pareil auxiliaire, car cette noble conversation se conclut par ces mots :

— Et qu'a-t-elle dit de Brutus ? demanda le comte.

— Nous n'en avons pas parlé, répondit Rosalie.

Et comme Rosalie avait bien deviné M. de Lugano qui lui répliqua :

— C'est bon. Je me charge de l'éloigner.

Pour en arriver là, il chercha Brutus. Mais Brutus avait disparu, il s'informa à Rosalie, elle ne s'alarma point de son absence.

— Bon, dit-elle d'un air dégagé, il est peut-être au château.

M. de Lugano s'en retourna tout aussitôt.

Son parti était pris à l'égard de ce jeune homme, une assez forte somme pour qu'il fût à l'abri du besoin, somme qui ne pouvait être exorbitante, attendu que Brutus était déjà riche en sobriété : il partait avec cette somme, il quittait la France, on n'en entendait plus parler, Hector épousait mademoiselle de Favières, miraculeusement retrouvée par les soins de M. de Lugano.

Alors se taisaient toutes les infâmes imputations dont était entachée la conduite du représentant B...

Cette alliance devait plaire à la nouvelle dynastie, et l'ex-sénateur ne voyait pas l'impossibilité de se rasseoir au Luxembourg avec le titre de pair et l'hérédité de ce titre pour son noble fils Hector, qui sans ce privilège menaçait de ne jamais être rien qu'un sot. Celui-ci avait appris de son père ce qu'il de-

vait savoir de ces projets pour obéir, mais
pas assez pour s'en faire un avantage contre
lui.

Selon la pensée du comte de Lugano, Rosalie était une fille assez *intelligente* pour n'abuser d'un pareil secret que dans son intérêt, et
ainsi qu'il le lui avait dit, leur intérêt se trouvait être le même. C'était une transaction qui
sauvait l'honneur de l'un et de l'autre.

Mais le comte se défiait de la sottise d'Hector, et c'est pour cela qu'il ne lui avait rien
dit. Il se défiait encore plus de la probité de
Brutus, et c'est pour cela qu'il voulait la cor-
rompre.

Il retourna donc au château dans l'espoir
de l'y trouver, mais il ne l'y trouva pas, et un
mot bien naturel et que l'habileté du vieux
politique n'avait pas prévu vint déranger toute
cette adroite combinaison et le força à modi-
fier tous ses plans.

Comme il traversait le parc, Paméla s'approcha de lui d'un air effaré en lui disant :

— Mon oncle, est-ce vrai ce que vient de
me dire Hector, que la mère de M. Brutus est
l'ancienne marquise de Favières?

— Oui, mon enfant, j'ai découvert ce secret,
et alors vous comprenez que la conduite d'Hector l'oblige peut-être à une plus solennelle réparation...

M. de Lugano profitait de cette circonstance
pour préparer Paméla à se voir abandonner
par son beau futur. Mais ce n'était pas de cela

que s'occupait la jeune fille, et elle interrompit son oncle en s'écriant joyeusement :

— Alors M. Brutus est marquis de Favières ?

M. de Lugano ne répondit que par un signe de tête que Paméla prit pour une affirmation, et après avoir murmuré avec un sourire railleur ces mots : — Marquis de Favières, il s'éloigna en rêvant, tandis que Paméla se répétait :

— Il est marquis de Favières... Je serai...

Et elle se mit à l'attendre.

## XIII

La question de Paméla et la conclusion
qu'elle avait tirée de la réponse de son oncle
avaient fait une révolution totale dans les
plans du comte de Lugano.

D'abord elles lui avaient montré un danger
auquel il n'avait pas pensé dans le premier moment, emporté qu'il était par le désir d'arriver
vite à l'accomplissement de ce beau projet que
nous avons dit. Ce danger était cependant bien
naturel.

En effet, il fallait plus qu'une reconnaissance
théâtrale et un pardon arraché par l'obsession
pour que tout cela marchât selon les désirs du
comte. Il fallait des actes sérieux qui recon-
nussent la revendication d'état faite par madame de Favières, pour elle et pour sa fille; et
l'on conçoit que dans une pareille affaire, où
une sorte d'enquête devenait indispensable, les
magistrats devaient nécessairement s'occuper
de l'état de l'enfant né moins de dix mois après
la mort du mari et que tout le monde connais-

sait pour être le fils de la femme qui allait ré-
clamer le titre de marquise de Favières.

Dans cette hypothèse, l'alternative devenait
cruelle.

Ou il fallait dire la vérité, c'est ce que M. de
Lugano voulait empêcher à tout prix; car la
marquise ne pouvait être excusée de la naissance de cet enfant qu'à condition de révéler
toute la cruauté du représentant B...; ou il
fallait ne dire que la moitié de cette vérité, et
c'était imputer une faute à madame de Favières pour absoudre le comte; et certes il n'y
avait aucune espérance de la faire consentir à
un pareil sacrifice. Mais tout était sauvé par
un mensonge bien impudent.

Il suffisait de faire reconnaître Brutus comme
le dernier représentant de la famille de Favières,
et tout s'arrangeait à merveille; il n'y avait plus
d'obscurité dans cette fatale aventure, plus de
soupçons contre personne, plus d'explications
à donner.

C'était si facile, si naturel, si simple, que
M. de Lugano s'étonna de ne point y avoir
pensé tout de suite.

Il ne savait peut-être pas que l'esprit prend
de mauvaises habitudes comme le cœur, et que
lorsqu'il s'accoutume à ne chercher le succès
que par des voies détournées, il perd son ap-
titude à percevoir du premier coup les moyens
les plus droits, ou, pour mieux parler, les
moyens les plus directs de parvenir.

Celui que la joie naïve de Paméla venait d'indiquer à M. de Lugano devait cependant rencontrer deux grands obstacles, c'était le refus de madame de Favières et la répugnance de Brutus.

Ce dernier obstacle n'inquiétait pas M. de Lugano du moment que l'autre serait levé ; car il était certain de déterminer Brutus à faire tout ce que sa mère exigerait de lui; mais la grande difficulté était de décider la marquise, et le comte était également assuré que Brutus ne saurait ni ne voudrait l'aider à atteindre ce but.

D'une autre part, Rosalie, qui avait été un auxiliaire très dévoué en ce qui la concernait personnellement, était bien capable de s'opposer à ce qui devait profiter à un autre. De cette façon le comte se trouvait seul en face de son projet, et malgré lui il hésitait à tenter une pareille entreprise.

Pour la mener à bonne fin, il lui fallait voir la marquise, il lui fallait la voir seule, et c'était déjà une chose bien difficile que de la faire consentir à une pareille entrevue. Ce ne fut qu'après de bien longues réflexions, c'est après avoir cherché tout autour de lui et s'être bien assuré que lui seul oserait faire en face une telle proposition à une femme comme madame de Favières, qu'il se décida à aborder ce moyen extrême.

Cependant il voulut avant toutes choses débarrasser le terrain de tous les obstacles secondaires qui pourraient l'arrêter, il voulut être libre et maître de toutes ses forces au moment de livrer l'assaut, et pour cela il voulait d'abord voir Brutus.

Il suffisait de lui interdire d'abord toute démarche, toute intervention personnelle, car, avec ses idées de justice et d'honneur, il était capable de tout gâter.

Le comte fit demander si Brutus n'avait point paru au château, il apprit qu'on n'en avait pas entendu parler ; il envoya à la cabane, on ne l'y avait point revu, il s'y rendit lui-même, et étant monté dans sa chambre avec Rosalie, il acquit la conviction que Brutus était parti. Selon Rosalie, tout était gagné grâce à ce départ, car elle avait encore travaillé à ce qu'elle appelait la conversion de sa mère.

— Déjà, disait-elle, je vois bien qu'elle ne résiste plus que pour la forme, la pensée de revoir Brutus près d'elle semble seule l'arrêter encore, et puisqu'il a eu le bon sens de s'en aller sans qu'on l'en prie, elle n'aura plus rien à objecter.

M. de Lugano n'était pas un de ces cœurs pieux qui ont un profond respect pour les devoirs et les sentiments de famille, mais il s'étonna cependant de tant d'égoïsme et d'indifférence, et sans rien apprendre de ses projets à Rosalie, il crut cependant devoir lui dire d'un air très peiné qu'il considérait ce départ comme un malheur.

— Pour vous sans doute, dit Rosalie, pour

vous dont il n'a aucun intérêt à ménager la réputation.

Cette réponse édifia très peu M. de Lugano, qui lui répondit d'un ton sec :

— Pour vous peut-être encore plus que pour moi, car rien ne peut être fait sans que l'état de Brutus soit fixé.

Rosalie, alarmée de cette confidence, voulut en savoir davantage, mais M. de Lugano parla du Code civil, d'impossibilités légales que la présence seule de Brutus pouvait aplanir ; il expliqua tout cela en termes si techniques, que Rosalie n'y comprit rien, si ce n'est que, si madame de Favières ne voulait pas entendre raison au sujet de Brutus, Rosalie ne deviendrait jamais vicomtesse de Lugano.

Toutefois, malgré son ignorance des lois, le bon sens astucieux de Rosalie se refusait à cette conclusion ; elle demanda au comte de lui dire nettement pourquoi ce mariage deviendrait impossible.

Ces deux braves gens se connaissaient admirablement, bien qu'ils ne se fussent entretenus que deux ou trois fois l'un avec l'autre, et le comte n'hésita pas à répondre comme Rosalie le désirait, c'est-à-dire très nettement.

— Ce mariage, lui dit-il, deviendrait impossible parce qu'il serait inutile.

— Inutile ! répéta Rosalie ; mais, s'il ne se fait pas, je puis parler et vous perdre.

— C'est vrai, répliqua le comte d'un ton dé-

daigneux; mais ce n'est pas seulement votre
silence et celui de votre mère que je veux
acheter par cette union, il faut qu'elle m'assure aussi le silence de Brutus, car vous pen-
sez bien que, si mon honneur n'en dépendait
pas, je n'eusse jamais consenti à une telle
alliance.

— Et croyez-vous, s'écria Rosalie avec plus
de mépris encore, que si mon honneur aussi
n'y était pas engagé, j'eusse jamais consenti
à me mésallier en entrant dans une famille
comme la vôtre ?

M. de Lugano fut si abasourdi de cette impertinente déclaration, qu'il demeura d'abord
sans réponse ; mais il lui revint au cœur un
de ces petits mouvements féroces d'autrefois,
et il s'imagina qu'il n'avait pas eu tout à fait
tort, en 93, de tuer si impitoyablement une
race où de pareils sentiments semblaient in-
nés.

Toutefois ce ne fut qu'une fugitive pensée,
et il se contenta de répondre :

— Songez cependant à ce que je viens de
vous dire ; et faites tous vos efforts pour obtenir de votre mère un entretien où je lui ferai
comprendre l'importance de ce qui nous reste
à faire.

— Ne l'espérez pas, lui dit aigrement Rosalie ;
dans un premier moment de terreur, vous vous
êtes peut-être plus avancé que vous ne vouliez,
et maintenant vous désirez revenir sur vos pas ;
vous comptez sans doute sur la faiblesse de

ma mère pour l'égarer par des menaces ou des promesses; mais il ne sera pas dit qu'elle et moi aurons été vos victimes. Vous ne verrez point ma mère, ou vous ne la verrez qu'en ma présence.

Nous ne pouvons rapporter toutes les épithètes que M. de Lugano donna *in petto* à sa future bru; mais il remit à un autre temps à lui faire payer ses insolences, et il lui répondit en la saluant d'un air de déférence dédaigneuse :

— Je ferai ce qui conviendra à mademoiselle de Favières, et j'espère qu'elle reconnaîtra que son intérêt me guide plus encore que le mien. Seulement, comme il faudra entrer dans des explications qui peuvent être entendues par une femme, mais qui doivent blesser la modeste pudeur d'une jeune fille, j'aurais voulu éviter à mademoiselle de Favières l'embarras d'assister à de pareils débats; je n'avais pas d'autres projets, mais il en sera comme décidera sa sagesse et sa modestie.

Rosalie ne répondit point, attendu qu'elle ne se souciait pas de dire à haute voix ce que M. de Lugano savait aussi bien qu'elle. C'est qu'elle était fille à tout entendre, aussi bien qu'aucune femme au monde.

C'est ainsi qu'ils se séparèrent, après que M. de Lugano eut annoncé qu'il reviendrait dans la soirée; et tout aussitôt il s'occupa de retrouver Brutus.

Il rentra au château, s'informa de nouveau

si personne n'avait entendu parler du maître
d'école, mais on ignorait complètement ce
qu'il était d venu. Le comte écrivit trois ou
quatre billets où il disait à Brutus que sa
mère désirait le revoir, et il en chargea autant
de domestiques qu'il fit monter à cheval, et
qui partirent grand train dans toutes les di-
rections par où l'on supposait que Brutus
avait pu s'éloigner.

Tout cela ne put avoir lieu sans que Paméla
s'en aperçût. Elle s'informa et apprit à son
tour que Brutus avait disparu.

La manière dont elle accueillit cette nouvelle
frappa M. de Lugano. En effet, elle commença
d'abord à la nier en disant qu'elle avait la conviction et la certitude que Brutus ne pouvait
s'éloigner ainsi.

Elle ne donnait pas les raisons de cette conviction, mais elle la proclamait avec une telle
vivacité que le comte dut les lui demander.

Alors l'air embarrassé de Paméla fit rêver
M. de Lugano, le souvenir de la scène de la
veille lui revint en mémoire, et il se demanda
si pendant qu'il s'occupait gravement à révéler
à la France les événements de sa vie passée,
en les arrangeant selon les circonstances, tous
ceux qui étaient près de lui n'avaient pas ar-
rangé le présent sans le consulter.

Il n'admit pas tout de suite ce soupçon,
mais il voulut l'éclaircir.

Toute la journée se passa de la part du

comte à ce petit manège. C'est que pour lui ceci était d'une bien haute importance.

L'amour de Brutus et de Paméla était un complément admirable à tous les projets du comte. Brutus, qui eût pu dédaigner le titre usurpé de marquis de Favières, devait tout faire pour devenir le mari de Paméla.

Sans doute M. de Lugano perdait pour son fils Hector l'immense fortune qu'il était habitué à considérer comme à lui, mais il en avait déjà fait le sacrifice, et voilà que, par un hasard inouï, elle ne sortait pas, à vrai dire, de sa famille. Tout cela semblait s'arranger si merveilleusement bien, que le comte de Lugano n'osait y croire. Il avait eu trop souvent à lutter contre les circonstances et à les soumettre à sa volonté pour se fier à un concours si fortuné.

Dans le doute où il était, il interrogea Paméla avec une insistance qui fit peur à la jeune fille, attendu qu'il est de principe au pensionnat qu'aimer sans l'aveu de son tuteur est toujours un crime, et qu'elle était loin de prévoir que son amour pût si bien plaire à son oncle. Elle renferma donc son inquiétude, et déjà presque tous les domestiques étaient rentrés l'un après l'autre en disant qu'ils n'avaient aucune nouvelle de M. Brutus, et elle avait si bien dissimulé la douleur qu'elle en éprouvait, que le comte s'en voulait de s'être laissé aller à une si folle espérance.

Le soir était venu et l'anxiété de M. de Lugano augmentait d'heure en heure.

Il faut le dire, il y avait dans cette anxiété
plus que la préoccupation égoïste du besoin
qu'il avait de Brutus; le comte éprouvait une
inquiétude pleine d'émotion pour ce malheureux jeune homme.

Cependant la nuit était déjà close; Paméla
et son oncle étaient demeurés seuls à attendre
dans le salon. Le comte se promenait avec
une impatience qu'il ne pouvait plus maîtriser,
tandis que Paméla pleurait silencieusement
dans un coin, protégé par l'obscurité.

M. de Lugano s'arrêtait de temps en temps
pour écouter, car tous ses émissaires n'étaient
pas rentrés. Plusieurs fois, en reprenant sa
marche agitée, il avait laissé échapper cette
phrase qui montrait toute l'anxiété de son
attente :

— Georges (c'était le nom de son valet de
chambre), Georges aura été sans doute plus
heureux ; il l'aura rencontré et il le ramène :
c'est ce qui cause son retard.

Paméla ne répondait point, mais elle prêtait
aussi l'oreille au moindre bruit.

Enfin le galop d'un cheval se fit entendre,
et M. de Lugano, emporté par son inquiétude,
courut jusque dans la cour où Georges arri-
vait, et lui cria :

— Eh bien ! l'as-tu retrouvé?

— J'ai poussé jusqu'à Grenoble, dit Georges, et aucun des voyageurs que j'ai rencon-

trés n'a vu passer quelqu'un qui ressemblât à M. Brutus.

Le comte parut accablé de la perte de cette dernière espérance, et il regagna tristement le salon, suivi de Paméla, dont enfin les pleurs cette fois éclatèrent bruyamment.

A ce moment, le comte, dominé par une funeste pensée, s'écria presque malgré lui :

— Est-ce que le malheureux se serait tué?

— Tué! répéta Paméla avec un accent plein d'épouvante, tué. Et pourquoi? lorsqu'il venait de retrouver un nom, un titre, lorsqu'il devait être heureux. Mais il y a donc quelque chose que je ne sais pas?

Le comte de Lugano, plus troublé qu'il n'eût voulu le laisser voir, hésitait à répondre, lorsque tout à coup Paméla poussa un cri dont l'expression était bien différente de l'effroi douloureux qu'elle venait de montrer, et après un moment de silence elle s'écria avec joie :

— Ah! le voilà!

— Où donc? dit M. de Lugano qui se retourna malgré lui pour regarder au dehors.

— Ecoutez! ajouta Paméla; entendez-vous? c'est lui.

— Comment, lui?

— Vous n'entendez donc pas cette flûte? c'est lui.

— Ah! fit le comte, qui se rappela alors les observations d'Hector sur le musicien nocturne qui lui déplaisait si fort; ah! c'était donc lui?

— Oui, mon oncle, dit Paméla en baissant

la tête; car elle avait enfin laissé échapper son secret.

Le comte éprouva dans ce moment la plus vive satisfaction qu'il eût sentie depuis long-temps.

Tout lui venait à souhait; il ne répondit pas à Paméla sur ce qu'il venait de découvrir dans son cœur; mais il lui dit, avec cette expression qui met les gens de moitié dans la résolution qu'on prend :

— Je vais donner des ordres pour qu'on aille le chercher et pour qu'on nous le ramène.

— Non, s'écria vivement Paméla, peut-être il se croirait poursuivi, et il fuirait.

— Mais on ne l'entend déjà plus, repartit M. de Lugano, ah! serait-il déjà parti?

Paméla eut un singulier moment d'hésitation, puis, tout à coup elle prit son oncle par la main et l'entraîna vivement dans le parc :

— Venez, venez, lui dit-elle.

Le comte de Lugano la suivit, s'imaginant qu'elle voulait aller elle-même à la recherche de Brutus, et il l'arrêta en lui disant :

— Mais nous ne sortirons pas du parc de ce côté, et d'ailleurs nous n'arriverons peut-être plus à temps.

— C'est inutile, repartit vivement Paméla.

Puis elle se mit à écouter, et la flûte s'étant de nouveau fait entendre, elle fit un de ces gestes de femme qui disent si bien les intimes confiances de leur cœur. Ce geste signifiait littéralement : — J'étais bien sûre qu'il ne s'était pas éloigné.

En effet, Brutus, après s'être éveillé, avait erré çà et là dans les bois, la pensée de Paméla, un moment dominée par la grandeur du désespoir qu'il avait éprouvé, avait repris son empire. Il se sentait aimé et il ne voulut pas quitter sans un adieu le seul cœur qui lui eût été indulgent et bon. C'est alors qu'il joua une de ces mélodies de chaque soir.

Cependant M. de Lugano écoutait comme Paméla, mais sans rien comprendre à ce qui allait se passer : les sons de la flûte venaient de se taire, et il écoutait encore au loin, lorsqu'il tressaillit tout à coup aux éclats vifs et animés de la voix de Paméla. Elle répétait de toute la puissance de sa voix vibrante et sonore la phrase partie de la colline.

Le comte prêta l'oreille, comme s'il pouvait suivre ces sons dans leur vol rapide, et s'assurer s'ils arrivaient à leur but. Ils y étaient arrivés; car aussitôt les sons de la flûte répondirent plus accentués, plus vifs, plus pressés.

— Venez, venez, dit Paméla en entraînant encore son oncle, et en s'approchant du côté où la flûte se faisait entendre.

Là elle reprit son chant, mais plus doux, plus tendre, plus plaintif. La réponse se fit attendre, mais lorsque le comte et Paméla l'entendirent, elle partait déjà de plus près.

Brutus avait franchi une grande partie de la

distance qui le séparait d'eux. La phrase qu'il dit alors avait une agitation singulière, es sons en étaient pressés, interrompus. Paméla pensa que c'était le bonheur, et le comte que c'était la rapidité de sa course qui le faisait manquer d'haleine.

Paméla avait si bien réussi qu'elle en devint honteuse, et ce fut M. de Lugano qui fut obligé de lui dire :

— Répondez donc, Paméla!

Elle obéit, mais avec moins d'élan, moins de confiance. Dans un premier moment d'effroi, elle avait levé le voile derrière lequel elle cachait son amour, mais la pudeur de l'âme revenait à mesure que l'effroi se retirait.

Enfin Brutus, appelé ainsi par cette voix aimée, arriva tout près de la petite porte du parc où il avait l'habitude de passer tous les jours. Là, il fit entendre encore quelques notes imperceptibles, mais Paméla ne chanta plus, et dit seulement d'une voix presque éteinte :

— Oui, c'est moi.

Aussitôt elle s'enfuit avec tant de rapidité, que lorsque Brutus ouvrit la porte il se trouva face à face avec son père seul.

Le malheureux eût été surpris en flagrant délit de trahison qu'il n'eût pas été plus tremblant, plus consterné.

Quant à M. de Lugano, ce n'était pas sans intérêt qu'il avait suivi ce dialogue où l'amour avait parlé un de ces langages qu'il crée et qui n'appartiennent qu'à lui

C'était pour le comte le jour de tous les
vieux souvenirs, et de même que l'arrogance
de Rosalie avait remué en lui un reste de ses
vieux levains de rage révolutionnaire, de
même le spectacle de cet amour naïf lui avait
rappelé qu'une fois en sa jeunesse il avait à
peu près aimé ainsi. Il oublia un moment
l'usage égoïste qu'il voulait faire de cet amour,
il s'y intéressa pour lui-même, il en eut pitié.

Ce fut sous cette impression qu'il tendit la
main à son fils, en lui disant d'une voix
émue :

— Brutus, vous serez heureux.

— Jamais, monsieur, répondit le jeune
homme d'une voix résignée et en abandonnant
sa main à l'étreinte du comte, mais sans la lui
rendre.

Il y a des choses que le silence dit mieux
que les paroles les plus éloquentes, et celui
qui suivit la réponse de Brutus devait renfer-
mer beaucoup de reproches, car le comte de
Lugano crut devoir y répondre. En effet, il
s'écria presque aussitôt :

— Ah ! vous ne savez pas ce que c'est que
le délire des révolutions ; vous n'avez pas
vécu dans ces moments de désordre universel
où toutes les règles du bien sont renversées...
et puis, vous n'avez pas souffert de l'insolence
de cette implacable aristocratie qui, lorsque
vous lui opposiez le savoir, la vertu, l'intelligence, vous répondait avec mépris par la noblesse de son sang. Ce sang, nous l'avons fait

couler à flots, c'est vrai ; mais nous avons montré qu'il était de la couleur du nôtre, ç'a été notre réplique. Que voulez-vous? le triomphe de la raison humaine n'a pu être acheté qu'à ce prix... à ma place vous eussiez fait comme moi. Il fallait affranchir le peuple... et j'en étais alors!

Cette fois, tout le vieux jacobin s'était réveillé, il retrouvait pour se justifier les féroces déclamations qui jadis l'avaient fait agir.

Mais il eût pu s'épargner ces paroles; il répondait à une accusation que Brutus ne faisait pas. Ce n'était pas à l'échafaud du marquis de Favières qu'il pensait.

Le comte le comprit encore dans son silence, et il continua à plaider sa cause avec une violence qui l'emportait à dire de ces choses qui ne sortent guère du cœur, comme certains monstres de l'Océan ne paraissent à la surface que lorsque l'un et l'autre sont bouleversés dans leurs plus profonds abîmes.

— Oui, dit-il d'une voix sombre, ç'a été une affreuse vengeance; mais verser le sang ne suffit pas à toutes les insultes reçues. Quand on a été méprisé et humilié dans tous ses sentiments, on veut les venger tous.

Vous ne savez pas, vous, que l'homme le plus honorable de la bourgeoisie qui eût osé aimer une femme d'un grand nom, eût été rejeté comme un laquais! Eh bien, quand on a souffert une telle insulte et qu'on peut la rendre, on se laisse égarer, on profite de tout pour satisfaire l'ardente soif de se venger ; on commet un crime, si vous voulez ; mais pour le juger avec la sévérité que vous y me.tez, il faudrait savoir par quelles circonstances on y a été poussé.

Le comte parlait d'un ton si sombre, qu'il fit pitié à son fils.

Brutus eut honte de voir son père réduit à une pareille défense, et, pour la lui épargner, il lui répondit :

— Mais je ne vous accuse pas, monsieur.

A ce moment, le comte eut une de ces inspirations qui gagnent les causes les plus désespérées, et il répliqua à son fils :

— Votre voix ne m'accuse pas, voilà tout ; mais en vous-même vous vous refusez à comprendre ce que je vous dis. Tous les hommes sont faits ainsi, ils ne tiennent compte ni des circonstances ni des misères que d'autres ont eu à subir. Parce que tout vous est facile, il vous semble qu'il a dû en être ainsi pour moi. Ainsi, vous qui, jusqu'à présent, n'avez ni nom, ni fortune, ni avenir, vous avez aimé ma nièce, mademoiselle Van Owen ; elle vous aime, je le sais, je l'approuve, et comme aucun préjugé ne vous sépare, vous l'épouserez, vous serez heureux, et vous serez sans pitié pour d'autres, parce que ce bonheur ne vous aura rien coûté.

Oh ! que M. de Lugano avait eu raison, et comme Brutus ne pensait déjà plus à ce passé détestable de son père, qui, un moment avant,

lui pesait sur le cœur plus qu'un remords personnel!

Le transport de sa oie fut si vif, qu'il s'écria
avec une émotion qui le fit sangloter :

— Mon père! mon père! est-ce vrai? Ah!
pardonnez-moi, mon père, vous êtes bon, c'est
moi qui avais tort!

Ceci était bien de notre misérable humanité :
l'intérêt personnel avait dominé tous les autres sentiments ; mais quelle différence cependant entre ce cri de joie parti inopinément de
l'âme et les froids calculs de Rosalie!

M. de Lugano ne s'y trompa point; il crai-
gnit un retour du jugement sévère de l'honneur, et il se hâta de lui dire :

— Rejoignez Paméla, elle ignore encore ce
bonheur ; seulement, soyez discret, elle croit
que vous êtes le marquis de Favières.

— Le marquis de Favières! répéta Brutus.

— Vous comprenez qu'il est des choses qu'on
ne peut expliquer à une jeune fille de seize ans.
Du reste, vous savez bien que ce n'est pas ce
titre qui l'a séduite ; mais il y a dans tout ceci
de grandes précautions à prendre. Allez la
trouver, rassurez-la, car elle a été bien alarmée
de votre départ.

Je me rends près de votre mère, nous fe-
rons, croyez-moi, ce qui sera le plus convenable pour votre bonheur.

## XIV

M. de Lugano laissa Brutus sous l'impression de ses paroles, dites avec un accent de ten-
dresse et de bonhomie.

Ainsi Brutus était averti qu'il s'appelait
marquis de Favières, sans qu'il pût se révolter
contre cette usurpation, et bientôt il fut malgré lui forcé d'accepter ce titre.

Dans l'ivresse de ses nouvelles espérances, il
laissa à son père et à sa mère le soin d'arranger sa position comme ils l'entendraient. Il
voulut revoir Paméla, il courut au salon; mais
elle n'y était pas seule, Hector était près d'elle,
et il lui disait en ricanant :

— Marquise de Favières ! c'est un beau nom.

Brutus entra au moment où Hector pronon-
çait ces paroles. Celui-ci se retourna en l'aper-
cevant, et lui dit d'un ton presque cordial :

— Monsieur le marquis, nous parlions de
vous.

Cette appellation répugna à Brutus; mais
il lui répugna encore plus de répondre mal au

bon accueil d'un homme qu'il savait être son frère, et il dit doucement :

— Ce titre ne m'appartient pas encore, monsieur.

— Qui pourrait vous le contester ? dit Hector ; songez que j'ai un grand intérêt à ce qu'il appartienne au frère de ma Rosalie.

Brutus se tut, car il commença à comprendre que la vérité serait affreuse pour bien des cœurs s'il fallait la révéler ; mais il n'eut pas le temps de s'arrêter bien longtemps à cette idée, car Hector ajouta d'un ton plein de lourde finesse :

— Et je ne suis peut-être pas le seul ici qui y prenne intérêt.

Les sots ne sont pas toujours maladroits.

Hector quitta le salon, et Brutus et Paméla demeurèrent seuls.

Brutus alors se mit à la regarder, tandis qu'elle avait les yeux baissés. Il avait oublié à ce moment tout ce qui l'épouvantait quelques heures avant. Il ne se rappelait que les paroles de son père et le sens que renfermait ce nom qu'Hector avait donné à Paméla : marquise de Favières. Il s'approcha de Paméla et lui dit doucement :

— Est-ce vrai ?

Elle rougit, et répondit en baissant tout à fait la tête :

— Dame ! puisque vous l'avez entendu. Mais c'est mon oncle qui peut être...

— Il consent à tout, c'est lui qui me l'a dit,

lui qui m'a chargé de vous l'apprendre, s'écria
Brutus.

Paméla ne répondit que par une brève exclamation. Elle réfléchit longtemps, regarda
Brutus toujours grossièrement vètu, et conclut cette inspection par ce mot :

— C'est pourtant vrai que je vous aime!

Cela dit, que de choses ils devaient avoir à
se dire, et comme Brutus promit tout ce qui
lui fut demandé pour devenir beau, élégant,
ils parlèrent deux heures en se disant toujours
la même chose. Cela fut charmant jusqu'au
moment où la curieuse confiance de Paméla
voulut savoir pourquoi il s'était éloigné.

L'embarras de Brutus fut grand, il ne savait
pas mentir. Cependant il essaya, et il dit timi-
dement :

— Je croyais que vous aimiez votre cousin
Hector.

— Ce n'est pas vrai, lui dit Paméla, vous
saviez bien le contraire.

— Mais, ajouta-t-il, savais-je si vous m'aimiez?

Elle le regarda d'un air de reproche et lui
dit :

— Est-ce que vous avez eu besoin de me le
dire ?

Il y avait dans cette phrase une bonne faute
de français, mais il y avait un charmant aveu
de la façon dont elle avait deviné l'amour de
Brutus.

Cependant, malgré toutes ces petites astuces

du cœur, Brutus aurait fini par laisser voir quelque chose du secret qui le rendait triste, lorsque M. de Lugano arriva et dit avec vivacité :

— Paméla, faites préparer à l'instant un appartement pour madame de Favières et sa fille; Brutus, je vais donner des ordres pour qu'on vous loge pour cette nuit à côté de moi.

Paméla sortit joyeuse et empressée, et M. de Lugano dit à son fils :

— Cette nuit, je vous apprendrai ce que nous avons décidé.

Tout était donc fini et pardonné; car, une heure après, on avait transporté madame de Favières dans son appartement, et Rosalie veillait près d'elle.

On devine aisément les raisons que M. de Lugano avait pu faire valoir pour triompher de l'horreur de sa victime. C'était sans doute son déshonneur qu'il lui avait montré, résultant de la naissance illégitime de Brutus. Voilà pourquoi elle avait consenti à légitimer cette naissance par un silence qui, du moins, n'était pas un mensonge.

Le marquis de Favières étant mort le 21 octobre 1793, le fils né en juillet 1794 lui appartenait légalement. Ce n'était pas de lui laisser prendre le titre qui ferait un scandale, mais de le lui refuser s'il le demandait.

Et puis Rosalie avait tout à fait été gagnée. Il devait bien en coûter quelque chose à la fortune de Paméla, dont le mari constituerait

une riche dot à sa sœur; mais Brutus et Paméla. n'étaient pas gens à y regarder de si
près.

On comprend, du reste, que ce qui avait pu
décider la mère dut encore plus aisément convaincre le fils. C'était un sacrifice à l'honneur
de sa mère, il s'y résigna.

Et puis, il y avait une chose qui devait nécessairement venir en aide à l'entière exécution de ce projet, c'est que l'heure était arrivée où le cœur de madame de Favières devait
y voir clair comme sa raison.

En effet, une semaine n'était pas passée
qu'elle avait compris que l'honneur, la bonté,
le dévouement étaient du côté de cet enfant
qu'elle avait haï, et que la femme qu'il lui
donnait pour fille l'aimerait comme elle voulait être aimée.

Pour que rien ne fît chanceler la résolution
de madame de Favières, le comte avait quitté
son château pour se rendre à Grenoble et à
Lyon, afin de faire faire les actes nécessaires.
Il lui ménagea sa présence pour la laisser
s'enfoncer dans son bonheur. Quand il revint,
la marquise ne pouvait déjà plus se passer
de Paméla, et elle était presque fière de son
fils.

Cependant, un mois après, le comte, le vicomte et la vicomtesse de Lugano quittèrent
le château du Grand-Pin, où demeurèrent ensemble le marquis de Favières, sa femme et

la vieille marquise, qui mourut environ un an après ces deux mariages.

A cette époque, M. et madame de Favières vinrent habiter Paris.

# CONCLUSION

Voilà vingt-cinq ans que tous ces faits se sont passés.

Brutus et Paméla s'aiment toujours et ont de beaux enfants. Ils sont heureux.

La chasteté de notre langue m'empêche de dire ce qu'est maritalement le vicomte de Lugano ; sa femme a eu aussi plusieurs enfants.

Quant au comte de Lugano, qui eut le bon esprit de ne point signer l'acte additionnel des Cent-Jours, il fut compris dans une fournée de pairs de la Restauration ; mais comme il mourut avant la révolution de 1830, il en résulte qu'Hector n'est qu'un sot, comme l'avait prévu son père.

FIN DU MAITRE D'ECOLE

# AVENTURE

# DU CHAT GALANT

Il existe dans un coin de la Bibliothèque royale un vieux manuscrit relié, fait de parchemins de divers formats ; il renferme le récit des événements arrivés dans la famille à laquelle il appartenait, la date des naissances et des morts, celle des mariages, et, mêlés à tout cela, des cantiques nouveaux, des chansons plus que grivoises et le récit des aventures qui faisaient scandale, des réflexions politiques et morales, des comptes, tout le *memorandum* d'une personne qui a l'habitude d'écrire ce qui lui paraît digne d'être retenu.

A la page 31 de ce manuscrit, on trouve: « Hier, vingtième décembre 1573, a été célébré, en l'église de Saint-Germain-l'Auxerrois, le mariage de dame Rose-Catherine de Quinquebœuf, et de sieur Pierre du Ru, capitaine des arbalétriers et pistoliers de la ville.

« Ce mariage a été la suite de la fameuse aventure du Chat galant, arrivée au feu de la Saint-Jean de ladite année, et de laquelle Pierre du Ru s'est servi avec tant d'adresse galante. »

Or, voici cette fameuse aventure :

Le 23 juin 1573, en un coin de la place de Grève, et juste au bord de la ligne formée par les archers, arbalétriers, arquebusiers et pistoliers de la ville de Paris, pour empêcher le peuple d'approcher trop près du feu, était une femme de belle mine, richement vêtue, mais montrant dans le regard et dans le port de sa tête une trop grande fierté pour une fille bourgeoise qui n'était dame que pour avoir épousé, grâce à son argent, le sieur de Quinquebœuf, mort depuis un an, ce qui fait qu'alors elle était veuve, et toujours très courtisée à cause de sa grande fortune. Nul des cavaliers qui lui rendaient leurs hommages n'ayant pu lui procurer une fenêtre pour voir le feu, elle s'était résolue à s'y rendre à pied, accompagnée des cinq ou six des plus empressés qui l'aidèrent à percer la

foule, et qui l'entouraient pour protéger
ses riches vêtements du contact des habits
malpropres du peuple, et des ciseaux des
cacous qui en auraient bien vite dépecé les
broderies.

Cependant elle ne serait point arrivée
jusqu'à la place où elle était, si Pierre du
Ru n'eût reconnu quelques-uns des gentilshommes qui l'accompagnaient, et n'eût
ordonné à ses archers de les faire passer
jusqu'à eux. Ce fut la première fois qu'il
vit la dame Catherine, et comme elle était
d'une grande beauté, relevée par une
grande parure, il la trouva tout à fait à
son gré, et il lui exprima combien il était
heureux d'avoir pu lui rendre service. La
dame de Quinquebœuf lui répondit fièrement, et le capitaine se retira très mortifié,
mais sans puissance d'en vouloir à la rudesse de cette inconnue, car il était resté
charmé de sa beauté. Il se plaça donc à
quelque distance d'elle, et observa comment elle se conduisait envers les gentilshommes qui lui servaient d'escorte. Il vit
qu'elle s'en faisait servir comme eût fait
une reine, mais il ne put découvrir s'il y en
avait un parmi eux à qui elle fît partager
son trône. Tout en la considérant, il remar-
qua qu'elle prenait plaisir à converser

avec une vieille femme du peuple qui se trouvait près d'elle, et qui, depuis deux heures qu'elle était à sa place, ne cessait de pleurer et de se lamenter.

Le capitaine voyait rire la dame et les gentilshommes des pleurs de la vieille femme, et comme il s'approchait d'eux pour savoir le sujet de cette joie et de cette douleur, il entendit la vieille s'écrier en parlant à l'un des cavaliers :

— Par saint Jean, monsieur, je voudrais le voir face à face avec vous, et je parie que sa moustache ferait peur à la vôtre, car elle est plus droite et mieux retroussée que celle de tous les beaux godelureaux qui font cortège de laquais à une princesse de pied.

— Hé ! la femme, dit Pierre du Ru, n'insultez pas cette noble dame, ou je vous fais arrêter par mes archers et jeter en la prison de l'hôtel.

— Bon, bon, reprit la vieille, puisqu'elle s'est mise à notre étage, tant pis pour elle. D'ailleurs, n'est-ce pas assez que les gens de cour nous prennent notre argent et nos bêtes pour la fête, sans nous prendre place pour la voir ?

— Je vous dis de vous taire, reprit du Ru.

— Monsieur, dit alors la dame Catherine,
cette bonne femme m'amuse, et vous faites
l'empressé plus qu'on ne vous le demande.

Le capitaine fut encore plus mortifié, et
il se dit en lui-même que si jamais il trouvait l'occasion de réduire l'orgueil de cette
fière beauté, il n'y manquerait pas. Il se retira donc encore et ne put entendre que
Catherine s'informait de ce qu'il était, car
elle avait été frappée de sa bonne mine et
de la manière élégante dont il appuyait la
main sur la poignée de son épée, comme
ayant toujours l'air de dire : « Voilà qui
répond pour moi ».

Cependant le roi Charles IX était arrivé.
On lui avait remis une torche de cire blanche de deux livres, garnie de deux poignées
de velours rouge. Sa Majesté s'était appro-
chée de l'arbre de la Saint-Jean, en avait
allumé les premiers fagots, puis était re-
montée en l'Hôtel de Ville. Peu à peu le feu
gagna les bourrées, cotterets et tonneaux
vides accumulés à une grande hauteur autour de l'arbre ; et alors, tandis que Michel
Noiret, trompette-juré du roi et six compa-
gnons trompettes sonnaient des fanfares,
on vit un spectacle réjouissant. Les chats
amarrés et retenus jusque-là au pied de
l'arbre, se prirent à s'élancer de toutes fa-

çons, les uns grimpant jusqu'au plus haut
de l'arbre pour retomber dans la fournaise
allumée au pied, d'autres s'y précipitant
de rage et s'y débattant avec des hurle-
ments qui dominaient le bruit des trompettes. Tout à coup, du milieu des flammes,
on vit s'élancer un maître chat qui gravit
jusqu'à la plus fine pointe du mât, et qui,
de cette hauteur, tournait autour de lui
des yeux aussi flamboyants que le feu lui-
même ; et en même temps on entendit par-
dessus les rires de la multitude la voix
d'une vieille femme qui criait de toutes ses
forces :

— Le voilà, Martial, mon chat Martial,
Martial ! Martial !

C'était la vieille qui était près de la dame
Catherine et qui avait reconnu son chat.
L'animal reconnut aussi la voix de sa maî-
tresse ; car, au moment où il était près
de disparaître dans les tourbillons de
flammes, il se lança d'un bond prodigieux
et tomba au delà du cercle de feu qui en-
tourait l'arbre. Les sergents, qui veillaient
auprès pour l'attiser, voulurent frapper le
chat, mais il s'enfuit du côté de sa maî-
tresse au milieu des rires de la cour et du
peuple, ravis de voir cet animal sauvé par
son intrépidité.

Mais à ces rires se mêlèrent tout à coup des cris aigus et déplorables. En effet, le chat, en s'enfuyant, s'était fourré sous les jupons de la dame Catherine, et l'avait bellement mordue et égratignée, si bien qu'elle en tomba évanouie dans les bras des gentilshommes qui l'accompagnaient.

Comme ceux-ci l'emportaient à travers la foule, le capitaine du Ru, qui s'était approché au premier émoi de cet accident, aperçut à terre une bandelette de satin blanc brodé d'argent, avec des nœuds de faveurs roses, et reconnut que c'était la jarretière de la dame Catherine, qui s'était détachée pendant que le chat déchirait sa blanche peau, bien plus fine et satinée encore que ses jarretières. Le capitaine la ramassa et l'emporta comme une chose précieuse, mais sans prévoir qu'il devrait son bonheur et le succès de son amour à cette jarretière.

Pendant plus d'un mois la dame de Quinquebœuf fut malade de son aventure, et pendant tout ce temps le capitaine fut chaque jour s'informer des nouvelles de sa santé. Ce soin constant plut assez à la fière Catherine pour qu'elle permît à du Ru de lui venir faire la cour lorsqu'elle fut rétablie. Mais ce n'était que pour accroître d'un

noble et beau gentilhomme de plus les ga-
lants qui bourdonnaient autour d'elle, car
elle était insensible autant que coquette.
Du Ru se consumait donc en œillades inutiles et en galanteries dont il ne recevait aucune récompense, lorsqu'un jour qu'on
parlait devant la belle prude d'un mariage
qui allait se faire, le plus jeune des cavaliers s'écria :

— Mais j'aurai la plus belle part de la
fête, car je détacherai la jarretière de la
mariée.

— Vraiment, dit la dame Catherine avec
un air de grand dédain, je ne sais pas comment une femme peut se soumettre à cette
vilaine cérémonie ; car, quant à moi, j'ai
bien su m'en affranchir le jour où j'épou-
sai M. de Quinquebœuf.

Par une de ces inspirations que le dieu
d'amour souffle aux amants bien épris,
voilà que du Ru qui, le plus souvent, n'o-
sait mêler qu'un mot timide à ces conversa-
tions, le voilà qui répond d'un air dégagé :

— Pardieu, madame, si vous ne l'avez
point permis le jour de votre mariage, vous
l'avez souffert un autre jour, car j'ai en
mon pouvoir une de vos jarretières qui vous
a été enlevée par un terrible insolent.

La dame rougit et pâlit tour à tour et s'écria :

— Ce que vous dites là est un détestable mensonge, et je regrette de n'avoir ni frère ni mari qui puisse vous punir d'une telle vanterie.

— Il n'est besoin de frère ni de mari, s'écrièrent tous les gentilshommes présents, et si vous voulez nous en donner commission, nous saurons bien faire repentir le capitaine du Ru de ses propos menteurs.

— Tout beau, messieurs, reprit le capitaine, combien est-ce de duels que vous m'offrez là ? sept, si je ne me trompe ; puisque vous êtes sept, je les accepte tous, à la condition que vous accepterez une gageure.

— Voyons, voyons, dirent-ils ensemble.

— Je gage qu'avant deux jours, je vous amène, mort ou vivant, à votre choix, l'insolent qui a ravi la jarretière de madame de Quinquebœuf. et je gage mille livres tournois que pas un de vous n'osera dire, lorsqu'il l'aura vu et la main sur son cœur, que j'en ai menti.

Les cavaliers se regardèrent tout étonnés de la proposition, et la dame de Quinquebœuf leur cria :

— Acceptez, messieurs, acceptez : je vous garantis le gain de la gageure ; car, si vous la perdiez, j'aurais été une femme sans honneur, et je jure Dieu que je n'y ai jamais failli.

— Nous acceptons, dirent-ils, et après avoir gagné la gageure, nous vengerons votre honneur outragé.

— Mais si je la gagne, dit toujours paisiblement du Ru, vous battrez-vous, messieurs, pour une femme qui a laissé détacher sa jarretière par un autre ?

Tous se regardèrent encore indécis, et du Ru reprit :

— Vous hésitez ? Eh bien ! moi je suis plus généreux que vous ; non seulement je me battrai malgré cela, mais encore je lui offrirai de garantir son honneur de mon nom. Acceptez-vous, madame ?

— Quoi dit Catherine, si vous gagnez, vous m'offrez votre main !

— Oui, vraiment.

— Il n'y a aucun risque à courir, dit-elle avec dédain ; j'accepte.

— Eh bien ! reprit du Ru, après-demain ici, à pareille heure, je vous amènerai le mort ou le prisonnier.

— Le prisonnier, monsieur, car je veux l'interroger, dit la dame d'un air courroucé.

— Et il aura aussi à nous répondre de son insolence, dirent les gentilshommes.

Du Ru salua en souriant et se retira.

Le jour convenu, comme tous étaient assemblés, du Ru arriva à l'heure fixée avec quatre valets portant un énorme coffre en guérite, fermé par une porte et qui semblait pouvoir contenir un homme. Lorsqu'il l'eut fait poser en la chambre où devait se décider l'issue de cette étrange gageure, il tira de son pourpoint la jarretière de la dame de Quinquebœuf, et lui dit :

— La reconnaissez-vous pour vous avoir appartenu ?

La dame rougit de surprise ; mais ne voulant point mentir, elle répondit qu'en effet cette jarretière lui avait appartenu, mais que sans doute elle l'avait perdue.

Les gentilshommes commencèrent à se troubler, et la dame en était à son tour très mortifiée, quand du Ru reprit :

— Non, madame, vous ne l'avez point perdue, elle vous a été enlevée, et ce coffre renferme l'insolent qui a eu cette témérité.

— Voyons ! voyons ! dirent les gentilshommes.

— Pardon, messieurs, reprit du Ru, je l'ai fait enchaîner, car tout braves que vous êtes, il pourrait bien vous faire reculer si sa moustache était près de la vôtre.

Et, ce disant, il ouvrit la guérite et ils vi-

rent tous le chat de la vieille femme qui
s'était si bien caché sous les jupes de la
dame de Quinquebœuf.

Tous partirent d'un éclat de rire au souvenir de l'aventure du feu de la Saint-
Jean, et du Ru leur ayant dit :

— Eh bien ! l'un de vous peut-il jurer
sur l'honneur que j'ai menti ?

— Non, assurément, répondirent ils, et
nous paierons les mille livres.

— Et vous, madame, dit du Ru, reconnaissez-vous avoir perdu, et tiendrez-vous
parole comme ces gentilshommes ?

Tous se récrièrent en disant que ce n'é-
tait point juste qu'une dame que tous ai-
maient depuis longtemps donnât la préfé-
rence de sa main à un nouveau venu qui ne
pourrait l'aimer si bien qu'eux, et qui réus-
sissait, grâce à une misérable ruse.

La dame de Quinquebœuf réfléchit un
moment, puis elle répondit :

— Je ne sais si son amour est plus grand
que le vôtre, du moins il a été plus ingé-
nieux pour m'arracher une promesse. D'ailleurs, messieurs, je ne puis oublier que
votre créance en mon honneur a été bien
près de faillir à l'aspect de cette jarretière,
et comme elle me plaît beaucoup depuis un

instant, je permettrai à mon mari de me la rattacher.

Ainsi du Ru, grâce à sa ruse, devint le mari de la dame de Quinquebœuf. Le capitaine, par reconnaissance, garda avec lui la vieille femme dont il avait pris le chat, et le chat lui-même, et attacha, dit-on, à son service un page et un laquais.

FIN DE L'AVENTURE DU CHAT GALANT

# TABLE

Paris. — Imp. N. Blanpain, 7, rue Jeanne.

A. Soirat, gérant.

Imprimé par N. BLANPAIN

le 4 décembre 1886.

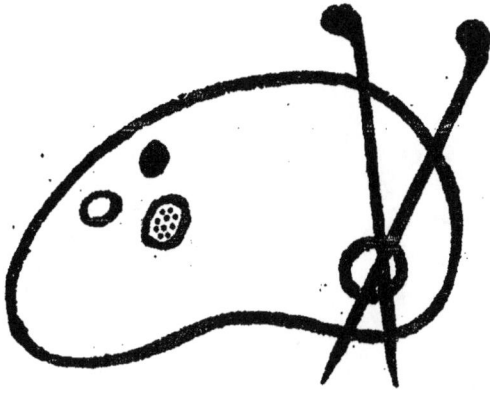

Original en couleur

NF Z 43-120-8

www.ingramcontent.com/pod-product-compliance
Lightning Source LLC
Chambersburg PA
CBHW060204100426
42744CB00007B/1159

*9 7 8 2 0 1 2 1 9 6 9 7 1 *